Diese Persönliche Chronik ist für:

Das Buch vom

19.

FEBRUAR

Ein ganz besonderer Tag

… ein ganz besonderer Tag

Nach dem römischen Kalender markierte der Februar bis zu den Zeiten Julius Cäsars das Jahresende: Der mensis februaris – so der lateinische Name – galt als Sühne- und Reinigungsmonat. Da der römische Kaiser eine neue Zeitrechnung einführte, steht der Februar nun an zweiter Stelle der monatlichen Abfolge.
Im Februar wird traditionell der Winter ausgetrieben. Faschings- und Karnevalsfeste erinnern an diesen Brauch. Der immerwährende Kalender verzeichnet für den 19. Februar die Namenspatrone Alfred, Bodo, Dietrich und Stephan. Zahlreiche bedeutende Ereignisse haben sich an diesem Tag in aller Welt zugetragen:

1939 gewannen die Deutschen Maxi Herber und Ernst Baier die Paarlauf-WM im Eiskunstlaufen.
1945 gelang amerikanischen Einheiten die Einnahme der japanischen Insel Iwo Jima.
1959 wurden die Weichen für die Unabhängigkeit Zyperns gestellt, die 1960 in Kraft trat.

Prominente Geburtstagskinder sind der deutsche Astronom Nikolaus Kopernikus, der schwedische Forscher Sven Hedin, die Malerin Gabriele Münter und der französische Schriftsteller André Breton.

Im Zeichen der Fische

19. Februar bis 20. März

Der 19. Februar markiert den Beginn der ersten Fische-Dekade. Dieses Sternzeichen ist das zwölfte und letzte des Tierkreises. Es wird beherrscht vom Meeresgott Neptun.
In vergangenen Zeiten besaß der Fisch vielfältige symbolische Bedeutungen. So stand er in der römischen Antike gleichbedeutend für Rettung. Im Christentum stellte er das Symbol für den Heiland, den Erlöser dar.
Fische-Geborene gehören zu den friedliebendsten Wesen unter der Sonne. Sie verfügen über sehr viel Phantasie – die mitunter auch mal mit ihnen durchgeht – und haben einen Hang zum Mystischen.
Zu den berühmten Fische-Geborenen gehören Kulturschaffende wie der spanische Regisseur Luis Buñuel, die amerikanische Entertainerin Liza Minnelli und Zarah Leander ebenso wie berühmte Politiker: George Washington, erster Präsident der USA, und Kemal Atatürk, Gründer des modernen türkischen Staates. Der Forscherdrang der Fische beherrschte das Leben vieler Wissenschaftler, allen voran das Jahrhundertgenie Albert Einstein.
Im Privatleben brauchen Fische viel Liebe und Zuneigung. Das berufliche Fortkommen spielt für sie nur eine untergeordnete Rolle – Ehrgeiz ist nicht gerade ihre stärkste Seite.

1900–1909

Highlights des Jahrzehnts

1900

- Weltausstellung in Paris
- Niederschlagung des Boxeraufstandes in China
- Uraufführung der Oper »Tosca« von Giacomo Puccini in Rom
- Probefahrt des ersten Zeppelins »LZ 1«

1901

- Die britische Königin Victoria stirbt
- Erste Nobelpreise verliehen
- Thomas Mann veröffentlicht die »Buddenbrooks«
- Mordattentat auf US-Präsident McKinley, Theodore Roosevelt wird Nachfolger

1902

- Beendigung des Burenkrieges in Südafrika
- Krönung Eduards VII. zum König von Großbritannien
- Inbetriebnahme der Transsibirischen Eisenbahn
- Kunstströmung »Jugendstil« auf dem Höhepunkt

1903

- Serbischer König Alexander I. ermordet
- Erste Tour de France
- Erster Motorflug der Brüder Wright
- Kampf der Suffragetten um das Frauenwahlrecht
- Margarethe Steiff präsentiert den »Teddy-Bären«

1904

- Hereroaufstand in Deutsch-Südwestafrika
- Beginn des Russisch-Japanischen Krieges
- Arthur Korn gelingt die erste Bildtelegraphie

1905

- Petersburger »Blutsonntag«
- Tangerbesuch Wilhelms II. führt zur Ersten Marokkokrise
- Albert Einstein entwickelt »Spezielle Relativitätstheorie«
- Künstlergemeinschaft »Die Brücke« wird gegründet

1906

- Revolutionäre Unruhen und erstes Parlament in Rußland
- Roald Amundsen duchfährt die Nordwestpassage
- Dreyfus-Affäre beigelegt
- Erdbeben verwüstet San Francisco

1907

- Pablo Picasso malt »Les Demoiselles d'Avignon« und begründet den Kubismus
- Erste Farbfotografien von Louis Jean Lumière

1908

- Ford baut Modell T (»Tin Lizzy«)
- Österreich-Ungarn annektiert Bosnien und Herzegowina
- Durchbruch der olympischen Idee bei Spielen in London
- 30 000 Jahre alte Statuette (Venus von Willendorf) gefunden

1909

- Robert E. Peary erreicht als erster Mensch den Nordpol
- Louis Blériot überfliegt den Ärmelkanal
- Unruhen in Persien: Schah Mohammed Ali dankt ab

◀ **Das Flatiron Building, New Yorks erster Wolkenkratzer (1902)**

Montag 19. Februar

Politik

Chile reagiert auf Gerüchte, Argentinien, Peru und Bolivien hätten einen Dreibund gegen Chile geschlossen, mit verstärkten Rüstungsanstrengungen. Hintergrund ist ein Konflikt zwischen Chile und Bolivien, das von den Chilenen die Einräumung eines Hafens an der früher bolivianischen Pazifikküste verlangt. Der Küstenstreifen war nach dem Salpeterkrieg 1884 an Chile gefallen.

»Linie ohne Bauch«: Das Korsett, ein modisches Muß für die elegante Frau

Politik

Teile der schwedischen Presse melden, daß in Norwegen hergestellte Gewehrpatronen nicht in die schwedischen Gewehre paßten. Beide Länder hatten vereinbart, daß norwegische Munition so hergestellt werden müsse, daß sie im Kriegsfall in schwedischen Waffen verwendet werden kann. Seit 1814 bilden beide Staaten eine Union, die 1905 aufgelöst wird.

Wetter

Ein durchschnittlicher Februar bringt mittlere Temperaturen von 1,3° C und bietet auch bei der Niederschlagsmenge keine Überraschungen.

Dienstag 19. Februar

Politik

Offizielle russische Stellen drohen dem Deutschen Reich mit scharfen Handelssanktionen, falls kein deutsch-russischer Handelsvertrag zustandekommen sollte. Zugleich wird deutschen Geschäftsleuten in Rußland eine höhere Besteuerung in Aussicht gestellt, sollten die Getreidezölle von der deutschen Regierung angehoben werden. Im Dezember bringt die deutsche Reichsregierung ein Gesetz über neue Zolltarife in den Reichstag ein. Daraufhin bricht eine Machtprobe zwischen agrarisch-konservativen Schutzzoll-Anhängern und liberalen Befürwortern des Freihandels aus. Während die Bauern höhere Zölle fordern, befürchten Industrielle eine Verschlechterung internationaler Geschäftsbeziehungen. Obwohl u. a. auch Rußland mit Vergeltungsaktionen droht, wird der Zolltarifentwurf am 14. Dezember 1902 vom Reichstag angenommen.

Gute Figur in Sakkoanzug und Wettermantel: Die Mode für den Herrn

Wetter

Kaltes Wetter beherrscht das Deutsche Reich im Februar 1901. Die Quecksilbersäule pendelt sich im Durchschnitt bei –2,5° C ein.

Mittwoch 19. Februar

Politik

Infolge mehrerer Streikbewegungen in Katalonien kommt es in Barcelona zu regelrechten Straßenkämpfen. Dem Generalstreik schließen sich auch die Arbeiter in Saragossa an. Die Streiks hatten mit Forderungen nach höheren Löhnen begonnen und erhalten zunehmend politischen Charakter.

Politik

Die Mitglieder des serbischen Parlaments, der Skuptschina, verabschieden eine Resolution an König Alexander I., in der sie dem Monarchen die Treue seines Volkes versichern. Anlaß für die Erklärung sind gegen das Königshaus gerichtete Proteste oppositioneller Bewegungen.

Politik

Die französische Regierung beschließt die Wiederaufnahme der diplomatischen Beziehungen mit Venezuela. Sie waren infolge der venezolanischen Revolution im Vorjahr abgebrochen worden.

Wetter

Der langjährige durchschnittliche Temperaturwert von 0,4° C wird im Februar 1902 um 0,3° C unterschritten. Die Niederschlagsmenge ist gering.

Donnerstag 19. Februar

Politik

Die Leipziger Wochenschrift »Die Grenzboten« veröffentlicht einen Brief Kaiser Wilhelms II. an Friedrich Hollmann, Mitglied des Vorstands der Orientgesellschaft. Darin nimmt der Kaiser zu dem von Friedrich Delitzsch gehaltenen Vortrag »Babel und Bibel« Stellung. Delitzsch hatte zur »Weiterbildung der Religion« aufgerufen: Er widerspricht der gültigen kirchlichen Theorie, wonach die Ursprünge der Bibel ausschließlich in der hebräischen Welt zu suchen seien. Den einsetzenden Protesten aus konservativen und kirchlichen Kreisen begegnet Wilhelm II., der selbst einem Vortrag von Delitzsch Beifall geklatscht hatte, mit einem Brief an die Orientgesellschaft, in dem er sich von einigen zu gewagten Thesen Delitzschs distanziert.

Politik

Ein Antrag auf Reduzierung der Militärausgaben wird mit 269 gegen 64 Stimmen vom italienischen Abgeordnetenhaus abgelehnt.

Wetter

Milde Temperaturen und viel Schnee bestimmen das Wetter im Februar 1903 im Deutschen Reich. Der langjährige Mittelwert von 0,4° C wird gleich um 4,6° C übertroffen.

Freitag 19. Februar

Politik

Die Teilnehmer einer polnischen Volksversammlung in Berlin verabschieden eine Resolution, in der Zufriedenheit über die russischen Niederlagen gegen Japan geäußert wird. Man habe, so heißt es, »die Kunde von den Niederlagen der räuberischen russischen Politik im fernen Osten mit unverhohlener Begeisterung aufgenommen«. Mitte November kommt es in Warschau bei einer Demonstration von Arbeitern gegen die Rekrutierung junger Polen für die russische Armee zu schweren Auseinandersetzungen mit dem russischen Militär. Angehörige der Polnischen Sozialistischen Partei liefern sich ein Feuergefecht mit den Soldaten. Dabei werden sechs Personen getötet und 26 verletzt. Die russischen Behörden nehmen mehrere hundert Menschen vorübergehend fest, die Unruhen halten in den nächsten Tagen mit verminderter Heftigkeit an.

Rekorde 1900–1909

400 m: Maxey Long (USA) – 47,8 sec (1900)
Weitsprung: Peter O' Connor (IRL) – 7,61 m (1901)
Stabhochsprung: Walter Dray (USA) – 3,90 m (1908)
Kugelstoßen: R. Rose (USA) – 15,56 m (1909)

Wetter

Das Wetter im Februar 1904 ist um durchschnittlich 1,2° C wärmer als in den Vergleichsmonaten der Vorjahre – und nicht besonders schneereich.

Sonntag 19. Februar

Politik

Im Russisch-Japanischen Krieg beginnt der Angriff der Japaner auf Mukden (Schenjang). Die größte Landschlacht des Kriegs endet ebenso mit einer russischen Niederlage wie die Schlacht bei Tsushima, die den Japanern endgültig die Vormachtstellung in Ostasien sichert.

Politik

Im Kaukasus brechen blutige Nationalitätenunruhen aus. Zu den schwersten Kämpfen kommt es in Baku zwischen Armeniern und persischen Tataren.

Politik

Die Parlamentswahlen im Königreich Rumänien erbringen der konservativen Regierung eine klare Mehrheit. Die Partei von Ministerpräsident Gheorghe Cantacuzino, der am 3. Januar von König Karl mit der Regierungsbildung beauftragt worden war, erhält 157 Sitze. Die Opposition stellt nur noch 15 Abgeordnete.

Wetter

Der Februar 1905 präsentiert sich im Deutschen Reich wenig spektakulär. Das Thermometer zeigt im Durchschnitt 1,6° C an.

Montag 19. Februar

Politik

Der österreichische Ministerpräsident Paul Freiherr Gautsch von Frankenthurn weist in Wien darauf hin, daß Österreich in Marokko nur wirtschaftliche Interessen verfolge und das »Prinzip der Gleichberechtigung und der offenen Tür« vertrete.

Politik

Der deutsche Staatssekretär des Innern, Arthur Graf von Posadowsky-Wehner, eröffnet in Berlin die 32. Vollversammlung des Deutschen Handelstags. Die Delegierten erkennen auf der zweitägigen Veranstaltung die Notwendigkeit einer Reichsfinanzreform an, verwerfen aber die Einführung einer Brau- und einer Tabaksteuer.

Politik

Die Bürgerschaft in Lübeck verabschiedet ein Staatsbürgerrechtsgesetz, nach dem die Staatsbürgerschaft erst nach fünfjährigem Aufenthalt erworben werden kann.

Wetter

Sehr trocken ist der Februar 1906 im Deutschen Reich. Die Temperaturen liegen mit 2,0° C um 1,6° C über dem langjährigen Mittel.

Dienstag 19. Februar

Gesellschaft

Durch eine Resolution von König Haakon VII. wird in Norwegen eine Rechtschreibreform durchgeführt. So werden beispielsweise vielfach die weichen Konsonanten (b, d, g) durch harte (p, t, k) ersetzt. Darüber hinaus wird das Landsmaal als zweite Amtssprache neben dem Riksmaal zugelassen, so daß Norwegen nun zwei offizielle Sprachen hat. Norwegen hatte erst zwei Jahre zuvor seine Unabhängigkeit von Schweden erhalten, nachdem die Union mit dem Nachbarn beendet worden war.

Preise in den Jahren 1900–1909

1 kg Butter	2,46
1 kg Mehl	0,35
1 kg Fleisch	1,55
1 Ei	1,05
1 l Vollmilch	1,00
10 kg Kartoffeln	0,65

in Mark, Stand 1905

Gesellschaft

In Göttingen wird die Akademische Freischar gegründet; sie propagiert die Ideen der Jugendbewegung Wandervogel. Einen Monat vor der Neugründung hatte sich der sog. Alt-Wandervogel auf der Bundesversammlung in Berlin gespalten.

Wetter

Kalt ist der Februar 1907. Das langjährige Mittel von 0,4° C wird um 1,2° C verfehlt, nachts sinken die Werte auf zweistellige Minusgrade.

Mittwoch 19. Februar

Politik

Infolge eines Streiks von 6000 Mechanikern beginnt in Sunderland (Großbritannien) die Aussperrung von 83 000 Arbeitern der Tyne-Schiffsbauwerke. Durch die Vermittlung von Handelsminister David Lloyd George kann der Arbeitskonflikt schließlich beigelegt werden. Die Maßnahme der Arbeitgeber ist eine der größten Aussperrungsaktionen zu Beginn des 20. Jahrhunderts auf der britischen Insel. Der soziale Kampf zwischen Gewerkschaften und Unternehmern verschärft sich zusehends.

Stars der Jahre 1900–1909

Isadora Duncan
Tänzerin
Gustav Mahler
Komponist/Dirigent
Anna Pawlowa
Tänzerin
Sarah Bernhardt
Schauspielerin
Orville/Wilbur Wright
Flieger

Gesellschaft

In Medina erfolgt die Grundsteinlegung für eine elektrische Beleuchtung der großen Moschee El Haram, in der sich die Grabstätte Mohammeds befindet. Die heilige Stätte des Islam ist seit dem 15. Jahrhundert unverändert erhalten.

Wetter

Sehr niederschlagsreich präsentiert sich der recht milde Februar 1908. Anstatt 40 mm pro m^2 werden im Mittel 57,5 mm gemessen.

Freitag 19. Februar

Politik

Der Minister des Reichsschatzamts, Reinhold von Sydow, erklärt in Berlin, die Reichsregierung erwäge die Einführung einer Besitzsteuer. Die Regierung von Reichskanzler Bernhard Fürst von Bülow hatte eine solche Steuer bislang strikt abgelehnt. Auch um eine andere Steuerfrage gibt es Kontroversen: Am 24. Juni lehnt der deutsche Reichstag den von der Regierung vorgelegten Entwurf zu einer Erbschaftssteuer ab. Bülow ersucht nach der Abstimmungsniederlage Kaiser Wilhelm II. um seine Entlassung. Es ist das erste Mal, daß ein deutscher Reichskanzler durch eine parlamentarische Niederlage zum Rücktritt veranlaßt wird. Die Erbschaftssteuer ist eines der Kernstücke der geplanten Reichsfinanzreform, durch die das Defizit im Haushalt und die wachsende Staatsverschuldung eingedämmt werden sollen. Obwohl bereits 1906 eine Finanzreform verabschiedet worden war, hat sich die Lage in den letzten Monaten weiter verschlechtert. Diese Entwicklung kam vor allem durch gestiegene Aufwendungen für die Sozialversicherung, die Verwaltung und die Rüstung zustande.

Wetter

Bei –1,6° C wird der langjährige Durchschnittswert im Februar 1909 gleich um 2° C verfehlt. Zudem fällt etwas mehr Schnee als gewöhnlich.

1910-1919

Highlights des Jahrzehnts

1910

- Georg V. wird nach dem Tod Eduards VII. britischer König
- Der Halleysche Komet passiert die Erde
- Bürgerliche Revolution beendet Monarchie in Portugal
- Wassily Kandinsky begründet die abstrakte Malerei
- Sieg des Schwarzen Jack Johnson bei Box-WM

1911

- Bürgerkrieg in Mexiko
- »Panthersprung nach Agadir« löst Zweite Marokkokrise aus
- Militärputsch leitet chinesische Revolution ein
- Roald Amundsen gewinnt den Wettlauf zum Südpol

1912

- Erster Balkankrieg
- Woodrow Wilson wird 28. US-Präsident
- Untergang der »Titanic«
- Büste der ägyptischen Königin Nofretete gefunden

1913

- Zweiter Balkankrieg
- Niels Bohr entwirft neues Atommodell
- Größter Bahnhof der Welt (Grand Central Station) in New York eingeweiht

1914

- Österreichs Thronfolger in Sarajevo ermordet
- Ausbruch des Ersten Weltkrieges
- Eröffnung des Panamakanals

1915

- Stellungskrieg im Westen
- Beginn der Ostoffensive
- Charlie Chaplin wird mit »Der Tramp« Star des US-Kinos
- Versenkung der »Lusitania« durch ein deutsches U-Boot

1916

- Schlacht um Verdun
- Osteraufstand in Irland niedergeschlagen
- Seeschlacht vor dem Skagerrak
- Der österreichische Kaiser Franz Joseph I. stirbt
- Rasputin ermordet

1917

- Beginn des uneingeschränkten U-Boot-Krieges
- Zar Nikolaus II. dankt ab
- Oktoberrevolution in Rußland

1918

- US-Präsident Wilson verkündet 14-Punkte-Programm zur Beendigung des Krieges
- Russische Zarenfamilie ermordet
- Waffenstillstand von Compiègne beendet Ersten Weltkrieg
- Novemberrevolution: Kaiser Wilhelm II. dankt ab, Philipp Scheidemann ruft die deutsche Republik aus

1919

- Spartakusaufstand niedergeschlagen
- Rosa Luxemburg und Karl Liebknecht ermordet
- Friedrich Ebert erster Reichspräsident
- Versailler Vertrag

◀ **Schöne Spionin in deutschem Auftrag: Mata Hari wird 1917 erschossen**

Samstag 19. Februar

Politik

Der frühere ungarische Ministerpräsident István Graf Tisza gründet in Budapest die Nationale Arbeitspartei. Die liberale Gruppierung will den derzeitigen Ministerpräsidenten Karl Graf Khuen-Héderváry von Hédervár im Kampf gegen die radikalen ungarischen Nationalisten unterstützen. Auf diese Weise findet die seit 1909 anhaltende Regierungskrise ein Ende, da der Ministerpräsident nun über eine ausreichende Mehrheit im Parlament in Budapest verfügt.

Kultur

Der Bassist Fjodor I. Schaljapin singt die Titelrolle bei der Uraufführung der Oper »Don Quichotte« von Jules Massenet in Monte Carlo. Die Premiere avanciert zu einem großen Erfolg.

Kultur

Das Schauspiel »Die große Landstraße« von August Strindberg wird im Intima-Theater in Stockholm uraufgeführt.

Wetter

Sehr mild ist der Februar. Das langjährige Temperatur-Mittel von 0,4° C wird um 3,1° C überboten.

1911

Sonntag 19. Februar

Politik

Die portugiesische Revolutionsregierung unter Joaquim Teófilo Fernandes Braga läßt Oppositionelle des Landes verweisen unter dem Vorwurf, sie hätten an der Spitze einer Verschwörung zur Herbeiführung einer ausländischen Intervention gegen die Republik gestanden. Einer der innenpolitischen Hauptgegner der Regierung ist die katholische Kirche. Am 21. April wird in Portugal das Gesetz über die Trennung von Kirche und Staat veröffentlicht. Damit erreicht der Kirchenkampf, den die Revolutionsregierung seit einem halben Jahr führt, seinen vorläufigen Abschluß. Die Kirche war seit jeher eine der Stützen der Monarchie. Nach der portugiesischen Revolution vom Oktober 1910 wurde der Einfluß der Kirche zurückgedrängt. Vergeblich versucht die Kirche, ihre politische Mitsprache durch die Gründung einer Partei zu sichern.

Stars der Jahre 1910–1919

David Wark Griffith
Filmregisseur
Mary Pickford
Filmschauspielerin
Enrico Caruso
Sänger
Douglas Fairbanks
Filmschauspieler
Charlie Chaplin
Filmschauspieler

Wetter

Für die Jahreszeit recht hoch sind die Temperaturen im Februar. Auf 2,5° C pendelt sich die Quecksilbersäule im Durchschnitt ein.

Montag 19. Februar

Politik

In einer Eingabe an den türkischen Großwesir fordert die moslemische Landbevölkerung aus der Gegend von Köprülü (Veles) in Südslawien besseren Schutz vor Übergriffen bulgarischer Banden.

Politik

Das Oberste Gericht in Washington stellt fest, daß die Schiffahrtsgesellschaft Norddeutscher Lloyd die Einwanderungsgesetze der USA verletzt habe. Die Gesellschaft zwingt europäische Auswanderer, denen die Einreise in die Vereinigten Staaten verwehrt wird, die Rückreise selbst zu zahlen.

Politik

Eine norditalienische Metallwarenfabrik liefert 200 000 Autobrillen an die Armee. Sie sollen Verwendung bei den in Nordafrika kämpfenden Kolonialtruppen finden und die auf Tripolis vorrückenden Soldaten bei Sandstürmen schützen.

Wetter

Durchschnittliche Niederschläge bei einer für die Jahreszeit sehr milden Temperatur von 2,1° C sorgen im Februar 1912 für angenehmes Wetter im Deutschen Reich.

Mittwoch 19. Februar

Politik

Der deutsche Reichstag nimmt in dritter Lesung einen Gesetzentwurf über die Aufhebung des Jesuitengesetzes vom 4. Juli 1872 an. Dennoch wird erst 1917 das Verbot der Betätigung für Mitglieder des Jesuitenordens im Deutschen Reich aufgehoben.

Politik

Britische Anhängerinnen des Frauenstimmrechts (Suffragetten) sprengen in Walton-on-Hill mit einer selbstgebauten Bombe das im Bau befindliche Landhaus des britischen Schatzkanzlers David Lloyd George in die Luft.

Politik

In Berlin findet der 38. Deutsche Handelstag statt. Die Delegierten billigen mit 320 gegen 75 Stimmen eine Resolution zugunsten eines staatlichen Petroleum-Monopols. Es geht dabei um die aus wirtschaftlichen und militärischen Gründen problematische Beherrschung des deutschen Petroleum-Marktes durch die US-Standard Oil Company.

Wetter

Bei Temperaturen von 2,6° C werden die Werte der letzten Jahre um 2,2° C überschritten.

Donnerstag 19. Februar

Politik

Nach neuntägiger Dauer endet in Paris eine Reise des zukünftigen Fürsten von Albanien, Prinz Wilhelm zu Wied, in Hauptstädte der europäischen Großmächte. Er hatte u.a. Rom am 10. Februar, Wien am 13. Februar und London am 18. Februar einen Besuch abgestattet. Am 7. März tritt der deutsche Prinz mit seinem feierlichen Einzug in die albanische Hauptstadt Durazzo (Durrës) sein neues Amt an.

Rekorde 1910–1919

Schwimmen: H. Hebner (USA) – 1:20,8 min/100 m Rücken (1912)
100 m: Nina Popowa (RUS) – 13,1 sec (1913)
Hochsprung: C. Larson (USA) – 2,03 m (1917)
Speerwerfen: Jonni Myyrä (FIN) – 66,10 m (1919)

Politik

In München erklärt der bayerische Innenminister Max Freiherr von Soden-Frauenhofen (Zentrum), daß er die Bestätigung sozialdemokratischer Bürgermeister wegen ihrer antimonarchischen Haltung nach wie vor verweigern werde. Nach der bayerischen Gemeindeordnung bedarf die Wahl der Bürgermeister staatlicher Bestätigung.

Wetter

Das Wetter im Februar 1914 ist gut und außergewöhnlich trocken. Die durchschnittlichen Temperaturen pendeln sich bei 4,3° C ein.

Freitag 19. Februar

Politik

In einer Denkschrift an die Oberste Heeresleitung schlagen die im Bergbaulichen Verein zusammengeschlossenen Ruhrindustriellen den Einsatz von Kriegsgefangenen in den Zechen vor, um die Kohleförderung aufrechterhalten zu können.

Politik

In Rom wird die neue Sitzungsperiode der italienischen Kammer eröffnet. Aus diesem Anlaß kommt es zu Demonstrationen von Gegnern und Befürwortern eines italienischen Kriegseintritts.

In der deutschen Reichshauptstadt Berlin und der Provinz Brandenburg wird der Ausschank von Branntwein, Likör, Rum, Arrak und Cognac an Militärangehörige, die eine Uniform tragen, bis auf weiteres untersagt.

Kultur

Die Variationen über ein Thema von Mozart von Max Reger werden in Berlin durch das vom Komponisten persönlich dirigierte Königliche Orchester uraufgeführt.

Wetter

Nur 16 mm statt – wie sonst im Februar – 40 mm Niederschlag pro Quadratmeter gehen im Deutschen Reich nieder. Die Temperatur beträgt 1,6° C.

Samstag 19. Februar

Politik

Die letzten deutschen Einheiten in der Provinz Kamerun ergeben sich in der Stadt Mora. Damit ist der deutsche Widerstand endgültig beendet, nachdem die Hauptmacht der deutschen Schutztruppen bereits am 6. Februar auf spanisches Kolonialgebiet übergetreten war.

Preise in den Jahren 1910–1919

1 kg Butter	2,74
1 kg Mehl	1,90
1 kg Fleisch	3,00
1 Ei	0,13
1 l Vollmilch	0,25
10 kg Kartoffeln	3,30
Stundenlohn	0,66

in Mark, Stand 1913

Wetter

Bei einem Lawinenunglück am Hochkönig in den Salzburger Alpen werden über 100 österreichische Soldaten getötet. Die Gebirgsjäger befanden sich auf einem mehrtägigen Skilehrgang. Die Lawine, die auf einer Breite von 800 m in das Tal hinabstürzte, überrollte die Berghütte, in der die Soldaten gerade zu Mittag aßen. Die starken Schneefälle der vorangegangenen Tage haben zudem die wichtigsten Paßstraßen in den österreichischen Alpen unpassierbar gemacht.

Wetter

Das Wetter im Februar 1916 präsentiert sich überaus durchschnittlich. Die Temperaturen liegen um den üblichen Mittelwert von 0,4° C.

Montag 19. Februar

Politik

Die amerikanischen Truppen unter General John J. Pershing ziehen sich von der mexikanischen Grenze zurück. Das Militär hat vergeblich versucht, den mexikanischen Revolutionär Francisco Pancho Villa gefangenzunehmen.

Politik

Wegen der anhaltenden Gefahr durch deutsche U-Boote können zahlreiche Waren in den Häfen der USA nicht verschifft werden. 20000 beladene Güterwaggons aus New York, Philadelphia und Baltimore warten auf Abfertigung; die Waren verderben. Der deutsche U-Boot-Krieg veranlaßt die USA im April zum Kriegseintritt.

Kultur

Der Verband der Wiener Theaterdirektoren stellt eine Fronttruppe zusammen, die bei den einzelnen Armeeabteilungen Vorstellungen geben soll. Man will vor allem heitere Stücke aufführen.

Wetter

Schneereich und kalt stellt sich der Februar 1917 im Deutschen Reich vor. Winterlich ist es besonders nachts bei oft zweistelligen Minusgraden.

Dienstag 19. Februar

Politik

Die französische Luftwaffe fliegt einen Angriff auf Pirmasens und Mannheim, bei dem mehrere Menschen ums Leben kommen.

Die Herrenkleidung wird sportlicher. Dazu gehört der weiche Hut

Politik

Die Rückführung großer Teile der russischen Baltikum-Flotte von Reval nach Kronstadt beginnt. Im Dezember 1917 war ein Waffenstillstand zwischen den Kriegsgegnern Rußland und dem Deutschen Reich vereinbart worden. Am 3. März 1918 muß Rußland im Vertrag von Brest-Litowsk harte Friedensbedingungen hinnehmen. Die bolschewistische Regierung in St. Petersburg willigt trotz großer Bedenken ein, um alle Kräfte fortan auf die innenpolitischen Auseinandersetzungen im russischen Bürgerkrieg nach der Oktoberrevolution von 1917 konzentrieren zu können.

Wetter

Verhältnismäßig warm präsentiert sich der Wintermonat Februar im Deutschen Reich. Die Quecksilbersäule pendelt sich bei 1,7° C ein.

Mittwoch 19. Februar

Politik

Ein Revolverattentat wird in Paris auf Georges Benjamin Clemenceau verübt. Der französische Ministerpräsidenten erleidet allerdings nur leichte Verletzungen.

Das praktische Sportkleid für die Jagd und für Bergtouren

Politik

Marie Juchacz spricht vor der Weimarer Nationalversammlung. Die MSPD-Politikerin ist die erste Frau, die vor einem deutschen Parlament das Wort ergreifen darf.

Politik

Bei den Beratungen des Staatenausschusses, der Vertretung der deutschen Länder in Weimar, verzichtet der Freistaat Bayern auf die Herausgabe eigener Briefmarken sowie auf eigene Gesandtschaften im Ausland.

Wetter

Nur ein Drittel der sonst üblichen Niederschlagsmenge geht im Februar 1919 im Deutschen Reich nieder. Die Temperaturen liegen bei 0,2° C und damit knapp unter dem langjährigen Mittel.

1920-1929

Highlights des Jahrzehnts

1920

- Prohibition: Alkoholverbot in den USA
- NSDAP verabschiedet ihr Programm
- Kapp-Putsch scheitert
- Erstmals Salzburger Festspiele

1921

- Alliierte besetzen das Rheinland
- Hitler wird NSDAP-Vorsitzender
- Hormon Insulin entdeckt
- Rudolph Valentino wird Frauenidol
- Vertrag von Sèvres bedeutet Ende des Osmanischen Reichs

1922

- Hungersnot in Rußland
- »Deutschlandlied« wird zur Nationalhymne erklärt
- Mussolinis Marsch auf Rom
- Gründung der UdSSR
- Grab des Tutanchamun entdeckt
- Deutsch-russische Annäherung durch Vertrag von Rapallo
- Gründung der BBC
- Johnny Weissmuller stellt über 100 m Kraul den ersten seiner 67 Weltrekorde auf (58,6 sec)

1923

- Franzosen besetzen Ruhrgebiet
- Hitlers Putschversuch scheitert
- Währungsreform beendet Inflation im Deutschen Reich
- Die Türkei wird Republik

1924

- Erstmals Olympische Winterspiele
- Revolutionsführer Lenin stirbt
- Dawes-Plan lockert finanzielle Zwänge für Deutschland
- VIII.Olympische Spiele: Läufer Paavo Nurmi gewinnt 5 Goldmedaillen

1925

- Einparteiendiktatur in Italien
- Neugründung der NSDAP
- Hindenburg wird nach dem Tod Eberts Reichspräsident
- Europäische Entspannung durch Locarno-Pakt
- Joséphine Baker wird im Bananenröckchen zum Weltstar

1926

- Japans Kaiser Hirohito besteigt den Thron
- Militärputsch Pilsudskis in Polen
- Walt Disneys Mickey Mouse erblickt das Licht der Welt
- Deutschland im Völkerbund

1927

- Stalin entmachtet politische Gegner
- Charles Lindbergh überfliegt den Atlantik
- Uraufführung des Films »Metropolis« von Fritz Lang

1928

- Briand-Kellogg-Pakt zur Kriegsächtung unterzeichnet
- Alexander Fleming entdeckt das Penicillin
- »Dreigroschenoper« von Brecht und Weill uraufgeführt
- Erste Transatlantik-Fluglinie

1929

- Youngplan regelt Reparationen
- »Schwarzer Freitag« in New York löst Weltwirtschaftskrise aus
- Erste Oscar-Verleihung in Hollywood
- Antikriegs-Roman »Im Westen nichts Neues« von Erich Maria Remarque

◀ **Unnahbare Schönheit: Marlene Dietrich auf dem Weg zum Welterfolg**

Donnerstag 19. Februar

Politik

In einer Sitzung des Lehrergesetzausschusses des bayerischen Landtags in München wenden sich u. a. die Bayerische Volkspartei sowie der Bayerische Bauernbund mit Nachdruck gegen die Aufhebung des Eheverbots für Lehrerinnen. Die MSPD-geführte Landesregierung unter Ministerpräsident Johannes Hoffmann plant eine entsprechende Gesetzesnovelle, um das bayerische Landesrecht der Reichsverfassung anzupassen. Das bayerische Volksschullehrergesetz, das vom August 1919 datiert, sieht eine Beendigung des Dienstverhältnisses bei Lehrerinnen nach ihrer Eheschließung vor.

Tiefe Taille und schmale Silhouette: Mode im Zeichen von Art déco

Gesellschaft

In Danzig findet erstmals eine Messe statt. Sie soll wirtschaftliche Kontakte zwischen dem Deutschen Reich und Osteuropa herstellen.

Wetter

Von seiner besten Seite zeigt sich der Februar 1920. Im Mittel werden angenehme 3,1° C gemessen, zudem fallen relativ wenig Niederschläge.

Samstag 19. Februar

Politik

Polen und Frankreich schließen ein Defensiv- und Wirtschaftsbündnis. Die Regierung in Paris unternimmt damit den ersten Schritt zum Ausbau eines Bündnisgeflechts, das darauf abzielt, das Deutsche Reich zu isolieren. Frankreich verpflichtet sich, zum Aufbau der polnischen Wirtschaft beizutragen sowie Sachverständige und Waffen für die polnische Armee bereitzustellen. Polen hofft auf eine stärkere Position gegenüber der UdSSR.

Politik

Der aus Ungarn stammende Spion Ignaz Lincoln Trebitsch, der von dem Putschisten Wolfgang Kapp 1920 zum Pressechef ernannt wurde, wird in Wien verhaftet. Zuletzt übermittelte er dem tschechoslowakischen Außenminister Eduard Benes gefälschte Dokumente, die einen bevorstehenden Aufstand in der Tschechoslowakei ankündigten.

Vornehm und doch lässig: Burberry aus imprägniertem Baumwollstoff

Wetter

Ein eher typischer Wintermonat ist der Februar im Jahr 1921. Das Thermometer zeigt in der Regel 1,6° C und damit 1,2° C mehr als üblich an.

Sonntag 19. Februar

Gesellschaft

Die schweizerischen Zeitungen veröffentlichen die neuesten Arbeitslosenzahlen. Danach gibt es 145 761 Arbeitslose, von denen 95 580 ohne jede Arbeitsmöglichkeit leben müssen. Von ihnen erhalten 27 000 keinerlei Unterstützung.

Kultur

Als Kleines Haus des Hessischen Landestheaters wird das Darmstädter Interims-Theater mit der Aufführung von Wolfgang Amadeus Mozarts Oper »Così fan tutte« eröffnet.

Sport

Bei den Weltmeisterschaften im Eisschnellauf, die in der norwegischen Stadt Kristiania (Oslo) stattfinden, holt sich der Norweger Harald Ström mit seinen Einzelsiegen über 5000 m und 10 000 m den Titel. Zweiter wird der 500-m-Sieger Rould Larsen (Norwegen), dritter der Finne Clas Thunberg, der Schnellste über 1500 m.

Wetter

Kalt und trocken ist der Februar, der mit Temperaturen von durchschnittlich –1,8° C um 2,2° C unter dem langjährigen Durchschnittswert liegt.

Montag 19. Februar

Politik

Nachfolger des am 9. Februar zurückgetretenen australischen Premierministers William Mornes Hughes wird der Führer der Nationalisten, Stanley Melbourne Bruce.

Politik

Die irische Regierung unter William Thomas Cosgrave erläßt einen Aufruf zur Beendigung des Bürgerkriegs an die radikalen Republikaner, die gegen den angloirischen Vertrag vom 8. Januar 1922 kämpfen, weil er Irland nur einen eingeschränkt unabhängigen Status verleiht. Der Süden der Insel ist seit 1921 Freistaat im Commonwealth, der Norden (Ulster) bleibt bei Großbritannien.

Gesellschaft

Bei einem Brand in der Staatlichen Irrenanstalt in New York kommen 22 Patienten und drei Schwestern ums Leben. Für viele der Insassen, die in Isolierzellen sitzen, kommt jede Hilfe zu spät.

Wetter

0,1°C unter dem Gefrierpunkt weist das Thermometer durchschnittlich im Februar 1923 im Deutschen Reich aus.

Dienstag 19. Februar

Politik

Ein Arbeitskampf in Wien weitet sich aus. Tags zuvor waren Beamte aus vier Großbanken wegen unerfüllter Lohnforderungen in den Ausstand getreten.

Gesellschaft

Trotz umfangreicher Löscharbeiten wird der Neue Bau in Ulm, eines der bedeutendsten historischen Gebäude der Stadt, durch ein Großfeuer fast vollständig zerstört. Lediglich der angrenzende uralte Weinhof und das Schwörhaus können durch den Einsatz der Feuerwehr gerettet werden. Der Neue Bau wird häufig fälschlicherweise als Kaiserpfalz bezeichnet. Dabei wurde das nun abgebrannte Gebäude Ende des 16. Jahrhunderts lediglich an der Stelle errichtet, wo einst die Kaiserpfalz der Karolinger gestanden hatte. Erst Jahre nach dem Brand wird das historische Bauwerk wiederaufgebaut.

Rekorde in den 20er Jahren

Schwimmen: J. Weissmuller (USA) – 58,6 sec/ 100 m Freistil (1922)
10 000 m: P. Nurmi (FIN) – 30:06,1 min (1924)
1500 m: O. Peltzer (GER) – 3:51,0 min (1926)
Kugelstoßen: Emil Hirschfeld (GER) – 16,04 m (1928)

Wetter

Empfindlich kalt ist es im Februar 1924 im Deutschen Reich. Die Temperaturen erreichen mittlere Werte von lediglich –2,9° C.

Donnerstag 19. Februar

Politik

Während einer Rede des Ministerpräsidenten Edouard Herriot, die gegen einen Hirtenbrief der katholischen Kirche gerichtet ist, kommt es zu handgreiflichen Auseinandersetzungen im französischen Parlament.

Gesellschaft

In Genf geht die internationale Opiumkonferenz zu Ende. Die Delegierten einigen sich auf eine verschärfte Überwachung des Opiumhandels.

Sport

Bei den Kreismeisterschaften im Gewichtheben in Zirndorf (Franken) gelingt dem Würzburger Franz Zinner im Beidarmgreifen ein Weltrekord. Der 149 Pfund schwere Zinner bringt 206 Pfund zur Hochstrecke.

Das Konkursamt in Locarno (Schweiz) gibt die beiden Inseln von Brissago zur Auktion frei. Die 21,4 km² großen Eilande gehörten der Baronin Antoinette St. Léger und werden für 109 600 Schweizer Franken angeboten.

Wetter

Für die Jahreszeit deutlich zu warm ist es im Februar 1925 im Deutschen Reich. Das Thermometer zeigt im Durchschnitt 4,7° C, die Niederschlagsmenge ist normal.

Freitag 19. Februar

Politik

Die Kosten für den Haushalt des deutschen Reichspräsidenten werden veröffentlicht. Das Gehalt von Paul von Hindenburg beläuft sich auf insgesamt 60 000 Reichsmark zuzüglich 120 000 Reichsmark an Aufwandsgeldern.

Politik

Der deutsche Außenminister Gustav Stresemann erklärt vor dem Auswärtigen Ausschuß des deutschen Reichstags in Berlin, daß die Forderung von Brasilien, Spanien und Polen nach einer Erweiterung der Ratssitze im Völkerbund den deutschen Beitritt erschweren könnte.

Gesellschaft

Die österreichischen Bischöfe wenden sich gegen das gemeinsame Turnen von Jungen und Mädchen. Sie sehen die koedukative Leibeserziehung als moralisch verwerflich an.

Wetter

Typisches Winterwetter mit mittleren Temperaturen um den langjährigen statistischen Durchschnittswert von 0,4° C bestimmt den Februar im Jahr 1926 im Deutschen Reich.

Samstag 19. Februar

Politik

Aus Protest gegen die neu eingetroffenen britischen Truppen treten die Arbeiter in der chinesischen Stadt Schanghai in den Generalstreik. In China tobt ein Bürgerkrieg zwischen den Truppen der nationalrevolutionären Guomindang von Chiang Kaishek und den Einheiten der Kommunistischen Partei. Als am 24. März im Rahmen der Eroberung von Nanking durch die Einheiten Chiangs auch die Gebäude von ausländischen Konsulaten und Firmen zerstört werden, verstärken die Briten sowie die USA ihre Präsenz weiter.

Stars der 20er Jahre

Buster Keaton
Filmschauspieler
Johnny Weissmuller
Schwimmer
Rudolph Valentino
Filmschauspieler
Joséphine Baker
Tänzerin
Charles Lindbergh
Flieger

Politik

Der Student Johann Lang wird in Hamburg wegen Beleidigung zu drei Monaten Haft verurteilt. Er hatte dem Reichsbankpräsidenten Hjalmar Schacht unterstellt, in Aufwertungsfragen eigennützig entschieden zu haben.

Wetter

Der Februar ist im Deutschen Reich recht niederschlagsreich. Tagsüber liegen die Temperaturen um den Gefrierpunkt, nachts gibt es oft starken Frost.

Sonntag 19. Februar

Politik

Aus den Bürgerschaftswahlen in Hamburg gehen die Sozialdemokraten trotz Verlustes von drei Sitzen mit 60 der 160 Mandate als stärkste Partei hervor. Zweitstärkste Kraft im Parlament sind die Kommunisten, die ihr bisheriges Ergebnis von 27 Sitzen halten können.

Sport

Der britische Rennfahrer Malcolm Campbell stellt in Daytona Beach (Florida) mit 333,061 km/h auf einem Napier-Campbell Bluebird einen Geschwindigkeitsweltrekord für Automobile auf. Zwei Monate später erreicht Richard Keech an gleicher Stelle auf White Triplex eine Geschwindigkeit von 334,010 km/h.

Sport

Die II. Olympischen Winterspiele gehen in Sankt Moritz (Schweiz) zu Ende. Bei den Wettkämpfen dominierten die skandinavischen Sportler, deutsche Aktive holen nur einmal Bronze (Viererbob).

Wetter

Ein sonniger und schneereicher Februar 1928 bringt mittlere Temperaturen von 2,4° C.

1929

Dienstag 19. Februar

Politik

Reichstagspräsident Paul Löbe (SPD) ersucht den Ältestenausschuß des Parlaments um schärfere Vollmachten zur Aufrechterhaltung der Ordnung bei Parlamentssitzungen. In der Vergangenheit hatte es wiederholt »lärmende Kundgebungen von Tribünenbesuchern« gegeben. Am 18. Dezember nimmt der Reichstag ein Gesetz an, um Verstößen gegen die Geschäftsordnung besser begegnen zu können. Das neue Gesetz ermöglicht es dem Reichstagspräsidenten, Abgeordnete, denen grobe Ordnungsverletzungen nachzuweisen sind, auf längere Zeit von den Parlamentssitzungen auszuschließen, ihnen die Freikarten sowie – schlimmstenfalls – die Diäten zu entziehen. Die Pöbeleien und lärmenden Unterbrechungen im Reichstag in Berlin nehmen jedoch nicht wesentlich ab. Insbesondere von den rechts- und linksextremen Parteien gehen weiterhin Störungen aus.

Preise in den 20er Jahren

1 kg Butter	3,60
1 kg Mehl	0,50
1 kg Fleisch	2,50
1 Ei	0,20
10 kg Kartoffeln	0,80
Stundenlohn	0,93

in RM, Stand 1926 (ohne Inflationsjahre)

Wetter

Der mit Abstand kälteste Februar seit Jahrhundertbeginn bringt mittlere Temperaturen von –10,4° C; der sonstige Wert liegt bei 0,4° C.

1930–1939

Highlights des Jahrzehnts

1930

- Mahatma Gandhi startet Salzmarsch
- Marlene Dietrich avanciert im Film »Der Blaue Engel« zum Weltstar
- Uruguay wird erster Fußballweltmeister
- Max Schmeling durch Disqualifikationssieg Boxweltmeister im Schwergewicht

1931

- Spanien wird Republik
- Vorführung des Ganzmetallflugzeugs »Ju 52« (»Tante Ju«)
- Empire State Building höchstes Gebäude der Welt
- Mafia-Boß Al Capone hinter Gittern

1932

- Staatsstreich in Preußen
- Wahlsieg der NSDAP
- Chaco-Krieg um Erdöl zwischen Bolivien und Paraguay
- Proklamation des Staates Saudi-Arabien

1933

- Adolf Hitler zum Reichskanzler ernannt
- Reichstagsbrand in Berlin
- Ermächtigungsgesetz in Kraft
- Deutsche Studenten verbrennen »undeutsche« Literatur

1934

- Nationalsozialistischer Volksgerichtshof gegründet
- »Röhm-Putsch« niedergeschlagen
- Mord an Bundeskanzler Dollfuß – Ende der 1. Republik Österreich
- Maos Kommunisten in China auf dem »Langen Marsch«

1935

- Judenverfolgung mit sog. Nürnberger Gesetzen
- Italien marschiert in Äthiopien ein
- Porsche baut Prototyp für VW »Käfer«
- Deutsch-britisches Flottenabkommen

1936

- Beginn des Spanischen Bürgerkriegs
- Volksfrontregierung in Frankreich
- Ausstellung »Entartete Kunst«
- XI. Olympische Spiele in Berlin zur NS-Propaganda genutzt
- Margaret Mitchell veröffentlicht »Vom Winde verweht«
- Schauprozesse in der UdSSR

1937

- Krieg zwischen Japan und China
- Georg VI. in London gekrönt
- Zeppelin LZ »Hindenburg« explodiert in Lakehurst
- Niederländische Kronprinzessin Juliana heiratet Prinz Bernhard

1938

- »Anschluß« Österreichs ans Deutsche Reich
- Münchner Abkommen soll Hitler bezähmen
- Terror gegen Juden in der »Reichskristallnacht«
- Otto Hahn gelingt erste Atomspaltung

1939

- Deutsche Truppen marschieren in Prag ein
- Hitler-Stalin-Pakt
- Beginn des Zweiten Weltkrieges

◀ **Ginger Rogers und Fred Astaire tanzen sich 1933–1939 durch neun Filme**

Mittwoch 19. Februar

Politik

Da der französische Außenminister Aristide Briand wegen der Regierungskrise in Paris zurückgerufen wurde, wird die Londoner Konferenz über internationale Flottenabrüstung bis zum 26. Februar vertagt. Zwei Tage zuvor trat das französische Mitte-Rechts-Kabinett unter dem radikalsozialistischen Ministerpräsidenten André Tardieu nach einer Abstimmungsniederlage zurück. In Abwesenheit des erkrankten Ministerpräsidenten hatte Finanzminister Henri Chéron anläßlich einer eher unbedeutenden Auseinandersetzung über die Steuergesetzgebung im Parlament die Vertrauensfrage gestellt. Seit dem Rücktritt von Ministerpräsident Raymond Poincaré am 26. Juli 1929 ist in Frankreich keine stabile Regierungsmehrheit mehr zustande gekommen. Im Parlament stützte sich Poincaré auf die Nationale Union, eine Mitte-Rechts-Mehrheit unter Mitarbeit der liberalen Radikalsozialisten.

Figurbetonte Eleganz in den 30er Jahren: Kostüm aus Wollstoff mit Lederpaspeln

Wetter

Nur 5 mm pro m² statt der sonst üblichen 40 mm gehen im Februar 1930 im Deutschen Reich nieder.

Donnerstag 19. Februar

Technik

Mit der Eröffnung in den Hallen am Kaiserdamm beginnt in Berlin die Internationale Automobil-Ausstellung. Sie dauert bis zum 1. März.

Kultur

Der Herr liebt es eher klassisch: Sommersakko aus hellem Fischgrät

Der Film »Die Dreigroschenoper« von Georg Wilhelm Pabst nach dem gleichnamigen Stück von Bertolt Brecht hat in Berlin Premiere. Im Mittelpunkt steht der Verbrecher und Frauenheld Mackie Messer, der Polly, die Tochter des Bettlerkönigs Peachum, heiratet. Dieser sieht seine dunklen Geschäfte von Mackie bedroht und verrät den Konkurrenten an die Polizei. Mackie wird jedoch vom Polizeipräsidenten gedeckt, begnadigt und erhält eine Leibrente. Das Stück stellt die Verlogenheit der bürgerlichen Gesellschaft bloß und kritisiert deren soziales Elend.

Wetter

Ein niederschlagsarmer Monat lädt zu Spaziergängen im Winter ein. Das langjährige Temperaturmittel von 0,4° C wird um 1,3° C unterschritten.

Freitag 19. Februar

Politik

In Reval, der Hauptstadt der Republik Estland, stellt Ministerpräsident Johann Teemant von der Agrarpartei sein neues Kabinett vor, das aus Mitgliedern der Agrarpartei und der Nationalen Mittelpartei gebildet wird. Teemant war am Vortag vom Parlament des Landes zum Nachfolger des bisherigen Ministerpräsidenten Konstantin Päts gewählt worden.

Sport

Das 27. Berliner Sechstagerennen gewinnen der französische Radrennfahrer Broccarda und der Deutsche Tietz. Wegen der Auswirkungen der Weltwirtschaftskrise endet das Spektakel aus Show und Sport für die Veranstalter in einem finanziellen Debakel. Aufgrund der hohen Eintrittspreise – ein Sitzplatz kostete 18 Reichsmark – blieben die Zuschauer aus. Um die Halle dennoch zu füllen und so die unverwechselbare Atmosphäre der Sechstagerennen zu gewährleisten, müssen die Organisatoren zahlreiche Freikarten verteilen.

Wetter

Nur wenig Schnee und Regen fallen im Februar 1932 im Deutschen Reich. Die durchschnittliche Temperatur beträgt –1,1° C.

Sonntag 19. Februar

Politik

Der ehemalige deutsche Reichskanzler Wilhelm Marx (Zentrum) erreicht vom kommissarischen preußischen Innenminister Hermann Göring die Rücknahme des Erscheinungsverbots der Zentrumspresse. Rund 600 Zeitungen konnten wegen Abdrucks des Wahlaufrufs der katholischen Verbände ab dem 18. Februar nicht erscheinen.

Eine von rund 900 Gästen und 100 Journalisten besuchte Veranstaltung zum Thema »Das freie Wort« in der Berliner Krolloper wird polizeilich aufgelöst. Meinungsfreiheit ist in Nazi-Deutschland nicht erwünscht.

Politik

Mit einem Aufmarsch im Lustgarten endet in Berlin die letzte zweitägige Bundesgeneralversammlung des Reichsbanners Schwarz-Rot-Gold. Die Versammelten gedenken der für die Republik gefallenen Mitglieder und der über 3475 Reichsbannerleute, die von Gerichten zu Strafen von insgesamt 2597 Monaten Gefängnis und 509 Monaten Zuchthaus verurteilt wurden.

Wetter

Als ein überaus durchschnittlicher Wintermonat präsentiert sich der Februar im Jahr 1933. Die Temperaturen pendeln sich im Deutschen Reich bei mäßigen 0,1° C ein.

Montag 19. Februar

Politik

Der österreichische Vizekanzler Emil Fey (Heimwehr) erklärt in Wien, das Programm des Heimatschutzes könne von nun an als Programm der Regierung von Ministerpräsident Engelbert Dollfuß angesehen werden.

Politik

Die deutsche Wehrmacht übernimmt auf Anordnung von Reichspräsident Paul von Hindenburg auf den Mützen bzw. Stahlhelmen das Hoheitszeichen der Nationalsozialistischen Deutschen Arbeiterpartei (NSDAP).

Politik

Der britische Außenminister John Allsebrook Simon verliest im Unterhaus in London eine gemeinsame Erklärung der Regierungen Großbritanniens, Italiens und Frankreichs, in der »die Unabhängigkeit und Integrität Österreichs gemäß den geltenden Verträgen« garantiert wird.

Wetter

Schönes Winterwetter stellt sich im Februar 1934 in Deutschland ein. 2,7° C werden als Tagestemperatur im Durchschnitt gemessen.

Dienstag 19. Februar

Politik

Die Nachrichten vom italienisch-abessinischen Konflikt rufen im überwiegend von Schwarzen bewohnten New Yorker Stadtteil Harlem Unruhen hervor. Aus Solidarität mit der schwarzen Bevölkerung Abessiniens wird hier ein Boykott italienischer Gaststätten, Eisverkäufer und Straßenhändler organisiert.

Gesellschaft

Wichtigstes Thema in den New Yorker Tageszeitungen ist der am Vortag beendete Lohnstreik der Fahrstuhlführer in der amerikanischen Ostküstenmetropole. Der Ausstand hatte vorübergehend zum Zusammenbruch aller Büroarbeiten in zahlreichen Wolkenkratzern geführt. Als sich das Ausmaß des Streiks abzeichnete, ging der New Yorker Oberbürgermeister Fiorello H. La Guardia vollständig auf die Forderungen ein.

Rekorde in den 30er Jahren

200 m: J. Carlton (AUS) – 20,6 sec (1932)
Weitsprung: Jesse Owens (USA) – 8,13 m (1935)
Weitsprung: Erika Junghans (GER) – 6,07 m (1939)
400 m: Rudolf Harbig (GER) – 46,0 sec (1939)

Wetter

Sehr viel Schnee gibt es im Februar 1935. Der langjährige durchschnittliche Temperatur-Mittelwert von 0,4° C wird um 2,2° C überboten.

Mittwoch 19. Februar

Politik

Der Führer der Republikanischen Linken in Spanien, Manuel Azaña, wird mit der Bildung einer Regierung beauftragt, nachdem die linken Volksfrontparteien drei Tage zuvor die Parlamentswahlen gewonnen hatten. Die Volksfront bringt es nun auf 271 Sitze, die Wahlkoalition der Rechten kommt auf 132, die sieben Parteien der Mitte teilen sich 40 Mandate. Das neue Kabinett besteht aus neun Ministern der Republikanischen Linken, zwei Vertretern der Republikanischen Union und einem Parteilosen. Kommunisten und Sozialisten sind nicht vertreten.

Stars der 30er Jahre

Louis Armstrong
Trompeter
Marlene Dietrich
Filmschauspielerin
Greta Garbo
Filmschauspielerin
Fred Astaire
Tänzer/Schauspieler
Sonja Henie
Eiskunstläuferin

Politik

Zum neuen Flüchtlingskommissar des Völkerbunds wird nach dem Rücktritt von James MacDonald am 31. Dezember 1935 der britische Generalmajor Neill Malcolm ernannt.

Wetter

Klimatisch erweist sich der Februar 1936 als ein typischer Wintermonat. Die Temperaturen bewegen sich um den statistischen Mittelwert von 0,4° C.

Freitag 19. Februar

Politik

Der Jurist Friedrich Weißler, Mitarbeiter der Bekennenden Kirche und beteiligt an der Denkschrift der Protestanten gegen den nationalsozialistischen Terror, wird sechs Tage nach seiner Einlieferung in das Konzentrationslager Sachsenhausen von den Nazis ermordet.

Politik

Die Verhandlungen zwischen der tschechoslowakischen Regierung und den deutschen Regierungsparteien in der Tschechoslowakei über die Verbesserung der Lage der deutschen Minderheit kommen zum Abschluß. Fünf Forderungen der deutschen Parteien werden weitgehend erfüllt.

Kultur

Der Spielfilm »Frauenliebe – Frauenleid« von Augusto Genina wird in der Reichshauptstadt Berlin mit Magda Schneider, Ivan Petrovich und Oskar Sima in den Hauptrollen uraufgeführt. Die Filmmusik schrieb Peter Kreuder.

Wetter

Das Wetter lädt im Februar zu Spaziergängen ein. Nur nachts setzt zum Teil starker Frost ein.

Samstag 19. Februar

Preise in den 30er Jahren

1 kg Butter	2,96
1 kg Mehl	0,47
1 kg Fleisch	1,60
1 l Vollmilch	0,23
1 Ei	0,10
10 kg Kartoffeln	0,90
1 kg Kaffee	5,33
Stundenlohn	0,78

in RM, Stand 1934

Gesellschaft

Die vierköpfige sowjetische Nordpolarexpedition, die seit Mai 1937 auf einer Eisscholle gelebt und wissenschaftliche Untersuchungen vorgenommen hat, wird von den sowjetischen Eisbrechern »Taimyr« und »Murman« gerettet. Die Eisscholle war stetig nach Süden getrieben und drohte zu schmelzen, als es den sowjetischen Schiffen gelang, sich zu der Scholle durchzukämpfen. Ein Versuch, die Gruppe unter der Leitung von Wladimir Papanin per Flugzeug aus der Luft zu bergen, war zuvor erfolglos geblieben. Am 17. März treffen die vier Geretteten in der sowjetischen Hauptstadt Moskau ein.

Technik

Bei der am Vortag in Berlin eröffneten Internationalen Automobil- und Motorradausstellung avancieren Cabrios zum Anziehungspunkt für die Besucher, z. B. ein Sport-Cabrio von Horch mit 92 PS.

Wetter

Fast 94 Sonnenstunden machen den Februar 1938 bei Temperaturen von 1,9° C zum schönen Monat.

Sonntag 19. Februar

Gesellschaft

Nach einer Mitteilung des Reichsarbeitsministeriums, die in der »Deutschen Bergwerkszeitung« veröffentlicht wird, kommen in der Reichshauptstadt Berlin auf einen arbeitssuchenden Maurer 1360 und auf einen arbeitssuchenden Hilfsarbeiter insgesamt 500 offene Stellen.

Sport

Maxi Herber/Ernst Baier werden bei der Eiskunstlauf-WM in Budapest zum vierten Mal in ununterbrochener Folge Weltmeister im Paarlaufen. Sie präsentieren die schwierigste Kür aller Teilnehmer überaus sicher und verweisen die österreichischen Geschwister Ilse und Erik Pausin auf den zweiten Rang. In der Einzelkonkurrenz der Herren profitiert der Brite Graham Sharp als neuer Champion von der Abwesenheit des zweifachen Titelträgers Felix Kaspar aus Österreich. Die letztjährige Weltmeisterin setzt sich dafür bei den Damen durch: Die Britin Megan Taylor ist erwartungsgemäß nicht zu schlagen.

Wetter

Nur etwa die Hälfte der sonst im Februar üblichen Niederschläge fällt im Deutschen Reich. Das Thermometer zeigt im Durchschnitt 3,0° C an.

NASSAU ST.
PARKING
SPACE
US GOVT

1940–1949

Highlights des Jahrzehnts

1940

- Deutscher Luftkrieg gegen Großbritannien
- Beginn der Westoffensive
- Winston Churchill neuer britischer Premierminister

1941

- Schottlandflug von Rudolf Heß
- Deutscher Überfall auf die Sowjetunion
- Japan greift Pearl Harbor an – Kriegseintritt der USA
- »Citizen Kane« von Orson Welles in den Kinos

1942

- Wannsee-Konferenz beschließt Judenvernichtung
- 6. Armee in Stalingrad eingeschlossen
- Beginn alliierter Luftangriffe auf deutsche Städte
- »Casablanca« mit Ingrid Bergman und Humphrey Bogart uraufgeführt

1943

- Goebbels propagiert den »totalen Krieg«
- Ende der Widerstandsgruppe »Weiße Rose«
- Aufstand im Warschauer Ghetto scheitert

1944

- Alliierte landen in der Normandie
- Stauffenberg-Attentat auf Hitler scheitert
- Charles de Gaulle wird Staatschef Frankreichs
- US-Präsident Franklin D. Roosevelt zum dritten Mal wiedergewählt

1945

- KZ Auschwitz befreit
- Bedingungslose Kapitulation Deutschlands
- Vereinte Nationen gegründet
- Beginn der Potsdamer Konferenz
- US-Atombomben zerstören Hiroshima und Nagasaki

1946

- Gründung der SED
- Nürnberger NS-Prozesse
- US-Atombombentests im Südpazifik
- Hilfe durch Care-Pakete aus den USA
- Französischer Kolonialkrieg in Vietnam

1947

- Marshallplan-Hilfe für Europa
- Indien feiert Unabhängigkeit von Großbritannien
- GATT regelt den Welthandel
- Thor Heyerdahls »Kon-Tiki«-Expedition erfolgreich

1948

- Mahatma Gandhi ermordet
- Währungsreform in Ost und West
- UdSSR verhängt Berlin-Blockade
- Staatsgründung Israels
- Korea gespalten
- UNO-Menschenrechtsdeklaration

1949

- Gründung der NATO
- Grundgesetz für die Bundesrepublik Deutschland verkündet
- Konrad Adenauer erster Bundeskanzler
- Proklamation der Deutschen Demokratischen Republik
- Chinesische Revolution

◀ **7. Mai 1945: Ganz New York feiert das Kriegsende in Europa**

Montag 19. Februar

Gesellschaft

Das Extravagante an diesem Sommerkleid – der mit Tapeziernägeln besetzte Gürtel

Der Rotary-Club, eine internationale Vereinigung führender Persönlichkeiten, von dem Rechtsanwalt Paul Harris 1905 in Chicago gegründet, feiert sein 35jähriges Jubiläum. Die Organisation verschreibt sich dem Dienst an der Menschheit. In die einzelnen Ortsableger wird jeweils nur ein Mitglied eines Berufsstandes aufgenommen.

Sport

Das am 17. Februar begonnene Etappenskirennen rund um die Dolomiten in Cortina d'Ampezzo endet mit dem erwarteten Ergebnis: Gewinner im Gesamtklassement ist Achile Compagnoni aus Italien vor seinem Landsmann Giovanni Scandola. Größere Sportwettbewerbe sind in den Kriegsjahren – sofern sie keinen unmittelbar militärischen Charakter aufweisen – eher die Ausnahme.

Wetter

Extrem kalt ist der Februar zu Beginn des zweiten Kriegsjahres im Deutschen Reich. Die Temperaturen liegen im Mittel bei –7,1° C.

Mittwoch 19. Februar

Politik

In der Heilanstalt Bethel bei Bielefeld beginnt eine Euthanasie-Kommission gegen den Widerstand des Anstaltsleiters, Pastor Friedrich von Bodelschwingh, mit der Aussonderung von Kranken für die Ermordung in »Euthanasie-Anstalten«. Überall im Deutschen Reich werden in Heilanstalten lebende psychisch Kranke, Alkoholiker, Epileptiker, sog. Ballastexistenzen von einer der Reichskanzlei unterstellten Dienststelle erfaßt und je nach Schwere ihrer Krankheit in die Anstalten überführt. Hinter der Aktion steht die absurde Rassenlehre der Nationalsozialisten, nach der »lebensunwerte Menschen« getötet werden sollen.

Das Modemagazin »Esquire« stellt diese Abendmode für den Herrn vor

Politik

125 deutsche Flugzeuge greifen die britische Stadt Swansea an. Sie werfen rund 112 t Sprengbomben und 1901 Brandschüttkästen ab.

Wetter

Grau und kalt ist der Februar 1941. 0,0° C stehen am Monatsende als Durchschnittswert zu Buche.

Donnerstag 19. Februar

Politik

In der französischen Stadt Riom beginnt ein von der Vichy-Regierung eingeleiteter Prozeß gegen Politiker der Dritten Republik, denen die Schuld an der französischen Niederlage gegen das Deutsche Reich im Jahr 1940 gegeben wird. Im Zentrum des Prozesses steht der Sozialist Léon Blum, zwischen 1936 und 1938 Ministerpräsident einer Volksfrontregierung. Das Verfahren wird im April eingestellt.

Politik

Als Symbol für die verbesserten Beziehungen zwischen Großbritannien und der Türkei wird in der britischen Hauptstadt London in Anwesenheit des britischen Außenministers Robert Anthony Eden ein Haus der Türkei eröffnet.

Politik

Im besetzten Frankreich wird ein landwirtschaftlicher Arbeitsdienst eingerichtet, zu dem alle Männer von 21 bis 46 Jahren eingezogen werden können.

Wetter

Die Temperaturen erreichen im Februar 1942 lediglich einen Durchschnittswert von –3,2° C. Die Niederschlagsmenge ist äußerst gering.

Freitag 19. Februar

Politik

Der deutsche Führer und Reichskanzler Adolf Hitler fliegt von dem bereits durch sowjetische Truppenverbände bedrohten Hauptquartier der Heeresgruppe Süd in Saporoschje in das Führerhauptquartier »Werwolf« bei Winniza, wo er bis zum 13. März bleibt.

Sport

Der Reichssportführer Hans von Tschammer und Osten erläßt eine Verordnung zur Einordnung des Sports im Deutschen Reich in die Aufgaben des »totalen Krieges«. Ländervergleiche, internationale Wettkämpfe und Meisterschaften auf Reichsebene dürfen in Zukunft nicht mehr stattfinden, da sie eine Beurlaubung von Frontsoldaten oder von Personen im Arbeitseinsatz erfordern würden. Darüber hinaus betont die Verordnung aber die wichtige Funktion von Leibesübungen für den Krieg, die daher weiterhin »mit Nachdruck zu betreiben und zu fördern« seien.

Wetter

3,7° C weist das Thermometer im Monat Februar als mittlere Temperatur aus. Anstatt der normalen 78 Sonnenstunden gibt es nur 69; die Niederschlagsmenge ist eher gering.

Samstag 19. Februar

Politik

In Moskau wird bekanntgegeben, daß die Sowjetunion dem amerikanischen General Dwight D. Eisenhower, dem alliierten Oberbefehlshaber für die Invasion in Frankreich, den Suworow-Orden verliehen hat. Es handelt sich um die höchste militärische Auszeichnung der UdSSR.

Rekorde in den 40er Jahren

5000 m: G. Hägg (SWE) – 13:58,2 min (1942)
Hochsprung: Fanny Blankers-Koen (HOL) – 1,71 m (1943)
Marathon: Suh Yun Bok (KOR) – 2:25:39 h (1947)
Speerwerfen: Natalia Smirnizkaja (URS) – 53,41 m (1949)

Politik

Die deutsche Luftwaffe greift mit 187 Flugzeugen London an. Es ist die schwerste Bombardierung der britische Hauptstadt seit Mai 1941. Die Operation unter dem Decknamen »Steinbock« – angekündigt als große Vergeltungsmaßnahme für britische Angriffe auf deutsche Städte – erweist sich jedoch als wenig wirkungsvoll. Die britische Öffentlichkeit spricht spöttisch von der Aktion »Baby Blitz«. Den Deutschen stehen nur noch wenige Flugzeuge zur Verfügung.

Wetter

Der Februar 1944 präsentiert sich im Deutschen Reich als ein überaus durchschnittlicher Monat. Die Temperatur liegt im Mittel bei 0,5° C.

Montag 19. Februar

Politik

Amerikanische Streitkräfte landen auf dem zu den Bonininseln gehörenden Eiland Iwo Jima. Die Kämpfe um die Insel im Besitz des japanischen Kaiserreiches fordern mehr als 27 000 Menschenleben, darunter 21 000 Japaner.

Politik

Reichsführer SS Heinrich Himmler nimmt heimlich mit dem Präsidenten des Internationalen Roten Kreuzes, Folke Bernadotte, Graf von Wisberg, Kontakt auf. Himmler versucht auf diesem Weg, den Westmächten ein deutsches Friedensangebot zu unterbreiten.

Politik

Deutschen Truppen gelingt es, zwischen den Hafenstädten Pillau und Königsberg wieder eine Landverbindung herzustellen. Die Route kann jedoch nur kurzzeitig gegen die Rote Armee gehalten werden, die ihren Weg nach Westen fortsetzt.

Wetter

Der letzte Kriegsfebruar ist überaus kühl. Insbesondere nachts muß die ohnehin unter Kohlemangel leidende Bevölkerung starken Frost hinnehmen.

Dienstag 19. Februar

Politik

Der US-Militärgouverneur in Japan, General Douglas MacArthur, verfügt die Einrichtung besonderer Militärgerichte zur Aburteilung von Vergehen gegen die Besatzungsmacht.

Politik

Die Regierung des Iran ruft erneut den Sicherheitsrat der Vereinten Nationen an. Die UNO soll sich mit der Frage eines Abzugs der sowjetischen Besatzungstruppen in Persien befassen.

Politik

Großbritannien und Polen beschließen einen Plan zur Aussiedlung der 1,5 Mio. Deutschen, die sich noch östlich von Oder und Neiße befinden.

Gesellschaft

An den Schulen des Saarlandes beginnt die Schulkinderspeisung durch das Ende 1945 in Bern gegründete Schweizer Hilfswerk.

Wetter

Extrem viele Niederschläge bei Temperaturen von 2,2° C bestimmen das Wetter im Februar 1946.

Mittwoch 19. Februar

Politik

Die beiden großen amerikanischen Gewerkschaften American Federation of Labor (AFL) und Congress of Industrial Organization (CIO) bilden einen gemeinsamen Ausschuß, um gegen die ihrer Ansicht nach arbeitnehmerfeindliche Politik der Regierung vorzugehen.

Preise in den 40er Jahren

1 kg Butter	3,50
1 kg Mehl	0,45
1 kg Fleisch	1,60
1 l Vollmilch	0,26
1 Ei	0,12
10 kg Kartoffeln	1,00
1 kg Zucker	0,76
Stundenlohn	0,81

in RM, Stand 1943

Politik

Eine jugoslawische Delegation legt dem Rat der stellvertretenden Außenminister in London ihre Reparationsansprüche gegenüber Österreich vor. Jugoslawien verlangt die Zahlung von 150 Mio. Dollar.

Sport

Mit 2:35,0 min stellt der Amerikaner Joe Verdeur in New Haven einen neuen Weltrekord im 200-m-Brustschwimmen auf.

Wetter

Die überaus kalte Witterung hält auch im Februar 1947 in Deutschland an. Zudem ist der Monat äußerst schneereich.

Donnerstag 19. Februar

Politik

Der Internationale Gerichtshof in Nürnberg verurteilt den ehemaligen Generalfeldmarschall Wilhelm List und den Ex-General Walter Kuntze wegen der von ihnen begangenen Kriegsverbrechen zu lebenslangen Gefängnisstrafen.

Politik

John A. Costello wird vom irischen Parlament zum neuen Premierminister des Landes gewählt. Er löst den seit 1932 amtierenden Eamon de Valera ab.

Sport

Der US-Eisschnellläufer Delbert Lamb stellt in Oslo mit 2:29,7 min über die Distanz von einer Meile (1,609 km) einen Weltrekord auf. Am selben Tag verbessert sein Landsmann Joe Verdeur den von ihm selbst gehaltenen Schwimm-Weltrekord über die Distanz von 200 m Brust um drei Sekunden auf die neue Bestmarke von 2:32,0 min.

Wetter

Nur um 0,2° C weicht die durchschnittliche Temperatur des Monats Februar im Deutschen Reich nach unten vom langjährigen statistischen Mittelwert (0,4°C) ab.

1949

Samstag 19. Februar

Politik

Zu schweren Zusammenstößen zwischen indischstämmigen und schwarzen Einwohnern kommt es in der südafrikanischen Stadt Durban. Im Rahmen der mehrtägigen Auseinandersetzungen verlieren mehr als 100 Menschen ihr Leben. Die weiße Regierung des britischen Dominions Südafrikanische Union wird seit 1948 von Daniel François Malan geführt, einem extremen Verfechter der Apartheid. Er will den Indern zwar materielle Hilfe gewähren, beharrt aber darauf, daß sie nicht zur Bevölkerung des Landes gehören und aus diesem Grund weitgehende persönliche Einschränkungen in Kauf nehmen müßten.

Stars der 40er Jahre

Humphrey Bogart
Filmschauspieler
John Wayne
Filmschauspieler
Katharine Hepburn
Filmschauspielerin
Hans Albers
Filmschauspieler
Joe Louis
Boxer

Politik

In El Salvador tritt Präsident Oscar Osorio nach dem Militärputsch vom Dezember 1948 sein Amt an.

Wetter

Knapp über dem Gefrierpunkt bewegen sich die Temperaturen im Februar 1949 in Deutschland; die Niederschlagsmenge ist gering.

1950-1959

Highlights des Jahrzehnts

1950

- Ausbruch des Koreakrieges
- Abschaffung der Lebensmittelmarken in Deutschland

1951

- Debatte um die Wiederaufrüstung Deutschlands
- Skandal um Hildegard Knef als »Sünderin«
- Erster Schritt zur europäischen Einigung: Montanunion perfekt
- Der persische Schah Mohammed Resa Pahlewi heiratet Soraya

1952

- Helgoland wieder unter deutscher Verwaltung
- Staatsstreich in Ägypten
- DDR riegelt Grenze ab
- Dwight D. Eisenhower wird zum 34. US-Präsidenten gewählt
- USA zünden Wasserstoffbombe
- In Deutschland bricht das Fernsehzeitalter an

1953

- Tod des sowjetischen Diktators Josef Stalin
- Volksaufstand in der DDR
- Elisabeth II. zur Königin von Großbritannien und Nordirland gekrönt
- Mount Everest: Höchster Berg der Welt bezwungen

1954

- Französische Niederlage in Vietnam
- Deutschland wird in Bern Fußballweltmeister
- Beginn des Algerienkrieges
- Mit »That's alright Mama« beginnt der Aufstieg von Elvis Presley

1955

- Die Bundesrepublik wird ein souveräner Staat
- Gründung des Warschauer Paktes
- Tragischer Tod von James Dean
- Erste »documenta«

1956

- Traumhochzeit von Grace Kelly und Rainier III. von Monaco
- Volksaufstand in Ungarn
- Suezkrise führt zu Nahostkrieg
- Musical »My Fair Lady« beginnt seinen Siegeszug um die Welt

1957

- Gründung der EWG
- »Sputnik-Schock« bildet Auftakt zu Wettlauf im All
- Heinz Rühmann als »Hauptmann von Köpenick« gefeiert
- Erste Massenimpfung gegen Kinderlähmung

1958

- De Gaulle und Adenauer begründen deutsch-französische Freundschaft
- Rock 'n' Roll-Fieber grassiert weltweit
- Pelé – Star der Fußballweltmeisterschaft in Schweden
- Atomium ist Wahrzeichen der Weltausstellung in Brüssel

1959

- Fidel Castro übernimmt die Macht in Kuba
- Hula-Hoop-Welle schwappt aus den USA nach Europa
- Premiere des Marilyn-Monroe-Films »Manche mögen's heiß«
- Erste Bilder von der Rückseite des Mondes

◀ **Rock around the clock: Bill Haley (vorn) »erfindet« den Rock 'n' Roll**

Sonntag 19. Februar

Sport

Zum Abschluß der zweitägigen deutschen Meisterschaften im Hallenhandball in West-Berlin gewinnt das Team von Polizei Hamburg den Titel. Der norddeutsche Meister blieb bei dem erstmals ausgetragenen Turnier in allen vier Spielen ungeschlagen. Zweiter wird der Außenseiter Berliner SV vor Grün-Weiß Frankfurt und der SG Haßloch. Überraschend ist die große Publikumsresonanz.

Stars der 50er Jahre

Marilyn Monroe
Filmschauspielerin
James Dean
Filmschauspieler
Elvis Presley
Sänger
Sophia Loren
Filmschauspielerin
Brigitte Bardot
Filmschauspielerin

Sport

Die WM der Profisprinter in Melbourne (Australien) gewinnt der Amerikaner Norwood Ewell. Der zweifache Silbermedaillengewinner bei den Olympischen Spielen in London 1948 siegt vor dem Publikumsliebling John Stony aus Australien. Die Profi-Weltmeisterschaften der Kurzstreckler wurden erstmals seit 1934 wieder ausgetragen.

Wetter

Zu mild und zu feucht präsentiert sich das Wetter im Februar 1950. Das langjährige statistische Mittel (0,4° C) wird um 2,6° C übertroffen.

Montag 19. Februar

Politik

Peking fordert Thailand auf, der »gesetzwidrigen Verfolgung von Chinesen« ein Ende zu machen. Die thailändische Regierung habe diese Verfolgung seit dem Abschluß von Wirtschafts- und Militärpakten mit den USA intensiviert.

Politik

300 Funktionäre aus DDR-Schwerpunktbetrieben beraten auf der zweiten Agitationskonferenz der SED über eine Volksbewegung gegen die Remilitarisierung der Bundesrepublik, den Abschluß eines Friedensvertrags und die Bildung eines Gesamtdeutschen Konstituierenden Rates.

Gesellschaft

In verschiedenen Teilen Bayerns sind die Bauern aus Unzufriedenheit mit dem Milchpreis dazu übergegangen, Milch direkt an den Verbraucher zu verkaufen oder zu Landbutter zu verarbeiten. Das Bundeswirtschaftsministerium hat eine Erhöhung des Milchpreises bislang abgelehnt.

Wetter

Eher grau ist der Februar 1951. Anstatt der sonst üblichen 78 Sonnenstunden gibt es nur 64.

Dienstag 19. Februar

Politik

Die französische Nationalversammlung stimmt nach neuntägiger Beratung mit 327 gegen 287 Stimmen für die Errichtung einer Europäischen Verteidigungsgemeinschaft (EVG). Ministerpräsident Edgar Faure hatte mit dieser Abstimmung die Vertrauensfrage verknüpft. Das Wahlergebnis ist nach zähen Verhandlungen zustande gekommen, da sich die Sozialisten gegen eine Beteiligung der Bundesrepublik Deutschland an der EVG aussprechen. 1954 verweigert die französische Nationalversammlung jedoch die Ratifizierung des Vertrags über die EVG, die damit scheitert.

Gesellschaft

Die zwölf überlebenden Mitglieder einer Internationalen Polarexpedition kommen nach zweijährigem Antarktis-Aufenthalt in Southampton an. Drei Mitglieder des norwegisch-schwedisch-britischen Gemeinschaftsunternehmens auf dem antarktischen Königin-Maud-Land starben bei einem Absturz in eine Gletscherspalte.

Wetter

Die Bundesbürger müssen sich 1952 auf graues Februarwetter einstellen. Bei nur 54 Sonnenstunden liegen die Temperaturen nicht über 1,1° C.

Donnerstag 19. Februar

Politik

Der Vorstand des FDGB (Freier Deutscher Gewerkschaftsbund) ruft die Arbeiter in den Privatbetrieben der Deutschen Demokratischen Republik dazu auf, darauf zu achten, daß die Privatunternehmer ihre Verpflichtungen gegenüber dem Staat und den Volkseigenen Betrieben (VEB) erfüllten.

Preise in den 50er Jahren

1 kg Butter	6,75
1 kg Mehl	0,76
1 kg Fleisch	5,01
1 l Vollmilch	0,40
1 Ei	0,23
10 kg Kartoffeln	2,14
1 kg Kaffee	21,40
Stundenlohn	1,96

in DM, Stand 1955

Politik

In der DDR werden mehrere Mitglieder der evangelischen Studentengemeinden aufgrund eines Gesetzes verhaftet, das DDR-Bürgern jeden Kontakt mit Angehörigen anderer Staaten verbietet. Die Festnahmen sind Teil einer verschärften Kampagne gegen die evangelische Kirche. Die Bischofskonferenz der Vereinigten Evangelischen Kirchen in Deutschland protestiert gegen die zunehmende Verfolgung evangelischer Christen in der DDR.

Wetter

Recht durchschnittlich ist das Wetter im Februar 1953. Die Temperaturen übertreffen das langjährige Mittel von 0,4° C nur um 0,3° C.

Freitag 19. Februar

Politik

Die französische Regierung verhängt einen allgemeinen Preisstopp. Damit soll verhindert werden, daß die Heraufsetzung der Mindestlöhne um 15 % vom 9. Februar zu Preiserhöhungen führt.

Politik

Die britische Regierung gibt ein Weißbuch heraus, in dem die Auslieferung von Atomwaffen an die Luftwaffe des Landes bestätigt wird. Die Anschaffung der Atomwaffen wird damit begründet, daß Großbritannien seine Verteidigungsbereitschaft gegenüber dem »Weltkommunismus« unterstreichen müsse.

Sport

Weltmeisterin im Eiskunstlaufen der Damen wird in Oslo die Kölnerin Gundi Busch. Mit der 18jährigen, die bereits im Januar Europameisterin geworden war, gewinnt erstmals eine deutsche Eiskunstläuferin den Einzeltitel.

Wetter

Ein typischer Wintermonat lädt in Deutschland zu Spaziergängen im Februar ein. Nur nachts ist es zum Teil empfindlich kalt.

Samstag 19. Februar

Politik

DDR-Ministerpräsident Otto Grotewohl fordert auf einer Großkundgebung in Ost-Berlin die Bundesregierung in Bonn auf, gemeinsam mit der DDR von den vier alliierten Großmächten die Aufnahme von Verhandlungen über die Wiedervereinigung Deutschlands zu fordern.

Politik

Der 1954 in Manila unterzeichnete SEATO-Pakt tritt offiziell in Kraft. Dem südostasiatischen Verteidigungsbündnis gehören Australien, Frankreich, Großbritannien, Neuseeland, Pakistan, die Philippinen, Thailand und die Vereinigten Staaten an. Die SEATO soll in Südostasien das Vordringen des Kommunismus verhindern. Das politisch eher unbedeutende Bündnis unter Führung der USA wird 1977 aufgelöst.

Rekorde in den 50er Jahren

Kugelstoßen: Jim Fuchs (USA) – 17,95 m (1950)
10 000 m: Emil Zátopek (TCH) – 28:54,6 min (1954)
800 m: R. Moens (BEL) – 1:45,7 min (1955)
Eisschnellauf: Eugen Grischin (URS) – 1000 m in 1:22,8 min (1955)

Wetter

In der Nähe der langjährigen statistischen Temperaturen von 0,4° C bewegen sich die durchschnittlichen Werte im Februar 1955 in Deutschland. Die Niederschlagsmenge liegt im üblichen Bereich.

Sonntag 19. Februar

Politik

Aus den Parlamentswahlen in Griechenland geht die konservative Nationale Radikale Union von Ministerpräsident Konstantin Karamanlis als stärkste politische Kraft hervor. Die Partei gewinnt insgesamt 163 der 300 Mandate und sichert sich damit die absolute Mehrheit im Abgeordnetenhaus. Auf die linksgerichtete Demokratische Union entfallen 134 Sitze. Karamanlis hat das Präsidentenamt in Griechenland seit dem Tod von Alexandros Papagos im Jahr 1955 inne. Die Nationale Radikale Union war erst wenige Wochen vor der Wahl auf Betreiben von Karamanlis aus der Hellenischen Sammlungsbewegung hervorgegangen. 1963 wird er zum Rücktritt gezwungen und geht ins Exil. Nach dem Ende der Militärdiktatur kehrt er 1974 in sein Land zurück und übernimmt erneut den Posten des griechischen Regierungschefs.

Stets korrekt und im Zweifelsfall eher weit geschnitten: Herrenmode in den 50ern

Wetter

Empfindlich kalt präsentiert sich der Februar 1956 in Deutschland. Die durchschnittlichen Temperaturen pendeln sich bei –8,4° C ein.

Dienstag 19. Februar

Politik

Befürworter der Rassentrennung in den Vereinigten Staaten verüben in Knoxville / Tennessee einen Sprengstoffanschlag auf den schwarzen Jazz-Trompeter Louis Armstrong. Die Explosion reißt ein Loch in den Boden der Stadthalle, in der 3000 streng getrennt sitzende Weiße und Farbige einem Konzert Armstrongs zuhören. Menschen kommen bei dem Sprengstoffattentat nicht zu Schaden.

Für eine gute Figur auf der Tanzfläche: Kleid aus Chiné-Taft

Gesellschaft

Der Naturschutzverein Neandertal ruft zu finanzieller Hilfe für die freilebenden Wisente im Neandertal bei Düsseldorf auf, für deren Erhaltung insgesamt etwa 5000 DM für zusätzliche Schutzmaßnahmen zugunsten der Tiere erforderlich seien. Drei der sechs Wisente sind bereits an Parasitenbefall eingegangen.

Wetter

Der Februar 1957 zeigt sich kühl, aber freundlich. Die oft scheinende Sonne lockt die Deutschen zu Spaziergängen ins Freie.

Mittwoch 19. Februar

Politik

Zwei weitere Erklärungen zur Frage einer atomwaffenfreien Zone in Mitteleuropa, die im sog. Rapackiplan gefordert wird, führen zu erheblichen Diskussionen in der Öffentlichkeit: Während der Oberbefehlshaber der Streitkräfte des Nordatlantikpakts in Europa, General Lauris Norstad, die Meinung vertritt, der Rapackiplan bezwecke eine einseitige Abrüstung des Westens, bezeichnet die UdSSR-Regierung den Plan als wertvollen Beitrag zur Friedenssicherung an der Nahtstelle zwischen West und Ost. Die Initiative geht auf den polnischen Außenminister Adam Rapacki zurück.

Politik

Die Volksrepublik China kündigt an, sie wolle bis Jahresende ihre Truppen aus Nordkorea – rund 350000 Mann – zurückziehen. Zugleich werden die USA und die Vereinten Nationen aufgefordert, ihre in Südkorea stationierten Soldaten ebenfalls aus Korea abzuberufen.

Wetter

Für die Jahreszeit etwas zu mild zeigen sich die Temperaturen im Februar 1958 in Deutschland. Das langjährige Mittel liegt 1,7° C tiefer als die gemessenen 2,1° C.

Donnerstag 19. Februar

Politik

Zu seinem ersten Wehrbeauftragten wählt der Bundestag den 60jährigen Staatssekretär im niedersächsischen Vertriebenenministerium und Generalleutnant a.D., Helmuth von Grolman.

Politik

Die Zypernkonferenz in London unter Beteiligung Großbritanniens, Griechenlands und der Türkei endet mit der Unterzeichnung eines Abkommens. Darin wird grundsätzlich festgelegt, daß die britische Kronkolonie innerhalb des kommenden Jahres eine unabhängige Republik werden soll. Großbritannien soll auf der Insel Stützpunkte unter eigener Souveränität behalten; die Rechte der türkischen Minderheit werden garantiert.

Wetter

Über weiten Teilen Englands liegt der dichteste Nebel dieses Winters. In der Neunmillionenstadt London verkehrt in der Nacht nur ein einziger Bus, der sich wegen schlechter Sicht verfährt.

Wetter

Ein typischer Februar bringt Werte um den Gefrierpunkt. Die Niederschlagsmenge ist normal.

1960–1969

Highlights des Jahrzehnts

1960

- Gründung der EFTA
- Frankreich wird 4. Atommacht
- John F. Kennedy wird 35. Präsident der USA
- Hochzeit des Jahres: Fabiola und König Baudouin von Belgien

1961

- Erster Mensch im Weltraum: der Russe Juri Gagarin
- Bau der Mauer in Berlin
- Gründung von Amnesty International

1962

- Flutkatastrophe an der Nordseeküste und in Hamburg
- Kuba-Krise: USA erzwingen Abbau sowjetischer Raketenbasen
- »Spiegel«-Affäre löst Regierungskrise aus
- Start der erfolgreichsten Serie der Kinogeschichte: James Bond

1963

- Deutsch-Französischer Freundschaftsvertrag
- US-Präsident Kennedy wird in Dallas erschossen
- Marika Kilius und Hans-Jürgen Bäumler werden Weltmeister im Eiskunstlaufen

1964

- Die USA greifen in den Vietnamkrieg ein
- Revolution in der Damenmode: der Minirock
- Der 22jährige Cassius Clay wird jüngster Boxweltmeister
- UdSSR: Breschnew neuer KP-Chef
- Erfolgreichste Pop-Gruppe der 60er: die Beatles
- Den Rolling Stones gelingt der internationale Durchbruch

1965

- Im Alter von 90 Jahren stirbt in London Winston Churchill
- Erste Fotos vom menschlichen Embryo im Mutterleib
- Ziehung der Lottozahlen erstmals im Fernsehen

1966

- Große Koalition aus CDU/CSU und SPD gebildet
- APO beginnt sich zu formieren

1967

- Sechs-Tage-Krieg in Nahost
- Erste Herztransplantation
- Bürgerkrieg in Biafra
- Kult-Musical »Hair« wird uraufgeführt

1968

- Ermordung des schwarzen Bürgerrechtlers Martin Luther King und des US-Präsidentschaftskandidaten Robert Kennedy
- »Prager Frühling« durch Einmarsch von Warschauer-Pakt-Truppen beendet
- Aufklärungswelle erreicht den Schulunterricht

1969

- Willy Brandt wird Kanzler einer sozialliberalen Koalition
- Der erste Mensch betritt den Mond
- »Sesamstraße« begeistert Millionen von Kindern
- Rockfestival in Woodstock

◀ **1969: Die ganze Welt wird vor dem Fernseher mondsüchtig**

Freitag 19. Februar

Politik

Die Mitglieder der westlichen Militärmissionen weisen Pässe zurück, in denen die Bezeichnung »Deutsche Demokratische Republik« enthalten ist. Die Ausweise, die zu Reisen nach West-Berlin und durch die DDR berechtigen, trugen bisher den Vermerk »Sowjetische Besatzungszone«.

Gesellschaft

Ein Austauschprogramm im Rahmen des Kulturabkommens von 1958 wird in Moskau zwischen der Sowjetunion und der Bundesrepublik unterzeichnet. Es sieht wechselseitige Gastspiele von Orchestern und den Austausch von Wissenschaftlern und Studenten aus beiden Ländern vor.

Gesellschaft

Elisabeth II. von Großbritannien bringt ihr drittes Kind, Andrew, zur Welt. Seit 103 Jahren hat eine amtierende britische Königin kein Kind mehr geboren. Charles und Anne kamen vor der Amtszeit.

Wetter

Um 1,1° C niedriger als im langjährigen Mittel liegen die Temperaturen im Februar 1960. Das Thermometer weist –0,7° C aus.

1961

Sonntag 19. Februar

Sport

Die deutschen Alpinen Skimeisterschaften enden in Garmisch-Partenkirchen. Im Abfahrtslauf der Herren siegt Fritz Wagnerberger aus Traunstein. Den Titel im Slalom sichert sich überlegen der Münchner Willy Bogner. In der Kombination ist Adalbert Leitner aus Kleinwalsertal nicht zu schlagen. Bei den Damen gewinnt Heidi Biebl (Oberstaufen) den Abfahrtslauf. Auch im Slalom wird Biebl Erste, außerdem gewinnt sie die Kombination mit der Idealnote Null. Sie ist damit der unbestrittene Star bei den diesjährigen Meisterschaften. Im Vorjahr hatte die Skirennfahrerin bei den Olympischen Winterspielen im amerikanischen Squaw Valley überraschend die Goldmedaille im Abfahrtslauf gewonnen. Ihr Stil zeichnet sich besonders durch Kraft und kämpferischen Einsatz aus.

Preise in den 60er Jahren

1 kg Butter	7,58
1 kg Mehl	1,06
1 kg Fleisch	7,91
1 l Vollmilch	0,50
1 Ei	0,21
10 kg Kartoffeln	2,88
1 kg Kaffee	16,61
Stundenlohn	4,15

in DM, Stand 1964

Wetter

Das spektakulärste »Wetter«-Ereignis ist im Februar 1961 in Deutschland nicht der eher durchschnittliche Temperaturwert, sondern eine seltene totale Sonnenfinsternis.

Montag 19. Februar

Politik

Nina Chruschtschowa, die Frau des sowjetischen Regierungschefs Nikita S. Chruschtschow, fordert in einer Rundfunkrede die Frauen in den Vereinigten Staaten auf, dafür zu sorgen, daß alle Waffen in den Ozean versenkt werden. Unter dem KPdSU-Chef entspannen sich zwischenzeitlich die Beziehungen zum Westen.

Politik

Die Delegierten Frankreichs und der algerischen Exilregierung erreichen bei ihren Verhandlungen im französischen St.-Julien-en-Genevois eine Einigung über die Friedensregelung in Algerien. Die Ergebnisse der Konferenz werden daraufhin der Regierung in Paris vorgelegt.

Gesellschaft

Der Zirkus Busch, der im bayerischen Deggendorf sein Winterquartier bezogen hat, gibt bekannt, daß er mit dem Zirkus Hagenbeck fusioniert.

Wetter

Kalte Temperaturen haben Deutschland im Februar 1962 fest im Griff. Darüber hinaus gibt es oft ergiebige Niederschläge.

Dienstag 19. Februar

Politik

Nach zweitätigen Verhandlungen in Genf beschließt der Ministerrat der Länder der Freihandelszone EFTA unter Führung Großbritanniens die Ausarbeitung eines Aktionsprogramms. Es hat das Ziel, bis Ende 1966 sämtliche Zollschranken zwischen den sieben Mitgliedstaaten abzubauen.

Gesellschaft

Trotz scharfer Proteste der Bundesregierung und des Berliner Senats teilen die drei westalliierten Botschaften mit, daß die drei West-Berlin anfliegenden Fluggesellschaften ab April die Flugpreise erhöhen.

Kultur

Im Bonner Auswärtigen Amt werden dem italienischen Botschafter fünf seit 1944 verschollene Gemälde übergeben. Die Bilder, die den Uffizien und dem Palazzo Pitti in Florenz gehören, haben einen Wert von 8 Mio. DM. Die Münchener Kriminalpolizei fand sie im Schrank eines ehemaligen Soldaten der deutschen Wehrmacht.

Wetter

Außerordentlich kalt ist es im Februar 1963. Die Quecksilbersäule fällt durchschnittlich auf –4,9° C.

Mittwoch 19. Februar

Politik

Ein Grenzkonflikt zwischen Marokko und Algerien wird durch ein Abkommen vorläufig beigelegt. Am 11. Mai kommt es zu einer Vereinbarung über die endgültige Normalisierung der Beziehungen zwischen beiden Ländern.

Politik

Die gesamte Wirtschaftshilfe für Ceylon (heute: Sri Lanka) stellt die Bundesrepublik Deutschland ein. Grund ist die Tatsache, daß das Land die Errichtung eines DDR-Generalkonsulats zuläßt.

Politik

Dem polnischen Ministerpräsidenten Józef Cyrankiewicz wird der sog. Brief der 34 überreicht. In der von 34 führenden Intellektuellen Polens unterschriebenen Denkschrift protestieren die Verfasser mit aller Entschiedenheit gegen die Bevormundung der Schriftsteller und Wissenschaftler in Polen durch Kulturfunktionäre von Partei und Staat.

Wetter

Auf dem Gefrierpunkt pendeln sich die Temperaturen im Februar ein. Damit liegen die Werte knapp unter dem statistischen Mittel von 0,4° C.

Freitag 19. Februar

Politik

Der Schweizer Bundesrat in Bern beschließt die Begrenzung und Verringerung der Zahl ausländischer Arbeitskräfte in der Schweiz.

Kultur

Als erste Frau erhält die in Stockholm lebende 73jährige jüdische Dichterin Nelly Sachs den Friedenspreis des Deutschen Buchhandels zugesprochen. Die Auszeichnung, die am 17. Oktober in der Frankfurter Paulskirche übergeben wird, verleiht der Börsenverein der Ausschreibung zufolge für die »Förderung des Gedankens des Friedens, der Menschlichkeit und der Völker untereinander«. Die 1940 nach Schweden emigrierte Sachs verfaßte u.a. die Gedichtbände »In den Wohnungen des Todes« und »Sternverdunkelung« (beide 1947). Zentrales Motiv ihrer Werke ist das Schicksal des jüdischen Volkes.

Stars der 60er Jahre

Die Beatles
Popgruppe
Sean Connery
Filmschauspieler
Pelé
Fußballspieler
Jean Paul Belmondo
Filmschauspieler
Dustin Hoffman
Filmschauspieler

Wetter

Recht kühl ist es im Februar 1965. Die Temperatur erreicht in Deutschland einen Durchschnittswert von lediglich –0,8° C.

Samstag 19. Februar

Politik

In Gelsenkirchen demonstrieren mehrere tausend Menschen gegen die geplante Stillegung der Zeche »Graf Bismarck« am 30. September dieses Jahres. 40000 Arbeitsplätze sind direkt oder indirekt von dem Vorhaben betroffen. Die Stillegung mehrerer Zechen im Ruhrgebiet sind ein Symptom für die anhaltende Absatzkrise des deutschen Steinkohlebergbaus, die sich ab Mitte der 50er Jahre in der Bundesrepublik abzuzeichnen begann. Billige Importkohle und der verstärkte Einsatz des kostengünstigeren Erdöls traten bei der Deckung des Energiebedarfs in Konkurrenz zur heimischen Steinkohle, zumal die Unternehmen an der Ruhr die Preise 1957 noch erhöhten. Seither wurden von der 450000 Mann starken Bergarbeiterbelegschaft im Ruhrgebiet bereits 200000 aus ihren Arbeitsplätzen gedrängt.

»Mini« heißt das Schlagwort der 60er – hier in Form eines Strickkleides

Wetter

Die Bundesbürger erleben einen grauen, tristen und überaus niederschlagsreichen Februar. Als Durchschnittstemperatur werden in Deutschland mäßige 1,2° C ermittelt.

Sonntag 19. Februar

Gesellschaft

Das SED-Organ »Neues Deutschland« gibt das Ergebnis einer repräsentativen Umfrage unter 2000 Werktätigen nach ihrem Freizeitverhalten bekannt. 68 % der Befragten geben als liebste Beschäftigung Fernsehen an, 50,4 % Spaziergänge, 49,5 % nennen Hausarbeit, 47 % bevorzugen das Zeitunglesen. Lediglich 8,9 % treiben am liebsten Sport.

Kurzer Mantel mit Schlaghose: Auch in die Männermode kommt Bewegung

Wetter

Einen Tag nach den sintflutartigen Regenfällen in Italien wird das ganze Ausmaß der Zerstörungen sichtbar. Verkehrs- und Nachrichtenverbindungen in zahlreiche Orte sind unterbrochen, mehrere Gemeinden komplett von der Außenwelt abgeschnitten. In Venedig werden viele Bewohner von Erdgeschoßwohnungen evakuiert, nachdem das Wasser in den Kanälen beständig gestiegen ist.

Wetter

Die Quecksilbersäule pendelt sich im Mittelwert des Monats Februar in Deutschland in der Nähe des Gefrierpunkts ein.

Montag 19. Februar

Gesellschaft

Die britische Firma Distillers Company (Biochemicals) Ltd., die das Medikament »Contergan« in Großbritannien in Lizenz der bundesdeutschen Firma Chemie Grünenthal unter einem anderen Namen vertrieben hat, entschädigt bei einem gerichtlichen Vergleich in London über 60 mißgebildete Kinder mit durchschnittlich 40% der vollen Schadensersatzansprüche. Das Schlaf- und Beruhigungsmittel hatte bei Embryonen im Mutterleib zu schweren Mißbildungen geführt. Im Dezember 1961 nahm die Staatsanwaltschaft die Ermittlungen wegen des Verdachts auf nervenschädigende Nebenwirkungen des Präparats auf.

Kultur

Das Schauspiel »Der Architekt und der Kaiser von Assyrien« des 35jährigen spanischen Schriftstellers Fernando Arrabal erlebt im Bochumer Schauspielhaus unter der Regie von Niels-Peter Rudolph seine deutsche Erstaufführung.

Wetter

Ein etwas zu kühler Februar präsentiert sich 1968 in Deutschland. Die Temperaturwerte liegen im Durchschnitt bei –0,9° C, genau 1,3° C weniger als im langjährigen Mittel.

Mittwoch 19. Februar

Politik

Der »Lange Eugen«, das neue Bonner Abgeordnetenhochhaus am Rheinufer, wird nach rund zweieinhalbjähriger Bauzeit bezugsfertig. Das von dem renommierten Karlsruher Architekten Egon Eiermann konzipierte Gebäude erhielt seinen Beinamen in Anspielung auf den Initiator des Baus, den früheren Bundestagspräsidenten Eugen Gerstenmaier. Die Zimmer in dem insgesamt 106 m hohen Gebäude werden den Abgeordneten auf ihren Fraktionsetagen zugelost, um keine Bevorzugungen einzelner Parlamentarier und entsprechende Eifersüchteleien der Kollegen aufkommen zu lassen.

Rekorde in den 60er Jahren

Stabhochsprung: Brian Sternberg (USA) – 5,00 m (1963)
Hochsprung: V. Brumel (URS) – 2,28 m (1963)
Weitsprung: Bob Beamon (USA) – 8,90 m (1968)
100 m: Jim Hines (USA) – 9,9 sec (1968)

Politik

Einhellig verurteilt wird in der westlichen Tagespresse ein Anschlag vom Vortag auf dem Zürcher Flughafen, bei dem Palästinenser eine israelische Passagiermaschine gekapert hatten.

Wetter

Die Temperaturen pendeln sich im Februar 1969 bei wenig ansprechenden –2,4° C ein.

1970 - 1979

Highlights des Jahrzehnts

1970

- Neue deutsche Ostpolitik: Moskauer und Warschauer Vertrag
- Vietnamkrieg weitet sich auf Kambodscha aus
- Einstellung des Contergan-Prozesses

1971

- Einführung des Frauenwahlrechts in der Schweiz
- Friedensnobelpreis für Willy Brandt
- Hot pants – Modeschlager der Saison
- Kinohit »Love Story« rührt Millionen Zuschauer zu Tränen

1972

- Unterzeichnung des Rüstungskontrollabkommens SALT I
- Verhaftung von Baader-Meinhof-Terroristen
- Überfall palästinensischer Terroristen auf die israelische Mannschaft bei den Olympischen Spielen in München
- Unterzeichnung des Grundvertrages zwischen Bundesrepublik und DDR

1973

- Aufnahme beider deutscher Staaten in die UNO
- USA ziehen ihre Truppen aus Vietnam zurück
- Jom-Kippur-Krieg in Nahost
- Ölkrise: Sonntagsfahrverbot auf bundesdeutschen Straßen

1974

- Guillaume-Affäre stürzt Willy Brandt, neuer Bundeskanzler wird Helmut Schmidt
- Watergate-Affäre zwingt US-Präsident Nixon zum Rücktritt
- Deutschland wird Fußballweltmeister
- »Nelkenrevolution« in Portugal

1975

- Beginn des Bürgerkriegs im Libanon
- Unterzeichnung der KSZE-Schlußakte in Helsinki
- Spanien: Tod Francos und demokratische Reformen unter König Juan Carlos I.
- Einweihung des 3 km langen Elbtunnels in Hamburg
- Volljährigkeit von 21 auf 18 Jahre herabgesetzt

1976

- Umweltkatastrophe in Seveso
- Anschnallpflicht für Autofahrer
- Traumhochzeit des Jahres: Karl XVI. Gustav von Schweden heiratet die Deutsche Silvia Sommerlath

1977

- Entführung und Ermordung des Arbeitgeberpräsidenten Hanns Martin Schleyer
- Emanzipationswelle: Frauenzeitschrift »Emma« erscheint

1978

- Friedensverhandlungen zwischen Israel und Ägypten in Camp David
- In England kommt das erste Retortenbaby zur Welt

1979

- Überfall der Sowjetunion auf Afghanistan
- Schiitenführer Khomeini proklamiert im Iran die Islamische Republik
- Sandinistische Revolution beendet Somoza-Diktatur in Nicaragua

◀ **»Eiserne Lady« Margaret Thatcher, ab 1979 britische Premierministerin**

1970

Donnerstag 19. Februar

Gesellschaft

Die Bevölkerung der Erde wird bis 1985 um die Hälfte auf 4,9 Mrd. Menschen anwachsen. Dies hat die UNO-Bevölkerungskommission errechnet. Der rasante Zuwachs stellt in Zukunft besondere Ansprüche an die Planung der Bevölkerungspolitik in der Dritten Welt.

Preise in den 70er Jahren

1 kg Butter	8,36
1 kg Mehl	1,16
1 kg Fleisch	10,15
1 l Vollmilch	1,06
1 Ei	0,22
10 kg Kartoffeln	6,44
1 kg Zucker	1,65
Stundenlohn	10,40

in DM, Stand 1975

Technik

Die Sowjetunion startet den 13. Fernmeldesatelliten der Reihe Molnija 1. Am 20. September gelingt es der UdSSR zudem, die Mondsonde Luna 16 weich auf dem Erdtrabanten landen und mit Gesteinsproben zur Erde zurückkehren zu lassen. Es folgt am 10. November die Sonde Luna 17, die mit Hilfe einer Rakete zum Mond gebracht wird. Mit dem Labormobil Lunochod I werden auf dem Mond Messungen und Analysen durchgeführt, Fotos aufgenommen und Gesteinsproben gesammelt.

Wetter

Die mittlere Temperatur liegt im Februar 1970 bei wenig ansprechenden –1,9° C, das statistische Monatsmittel bei 0,4° C.

Freitag 19. Februar

Politik

Das Präsidium der SPD wirft dem Vorsitzenden Willy Brandt vor, gegenüber radikalen Kräften innerhalb der Partei zu nachsichtig zu sein. Der Vorwurf bezieht sich auf die Jungsozialisten, die mit Kommunisten in den Dialog getreten sind.

Politik

Gescheitert sind in Wien die Verhandlungen der Sozialistischen Partei, der Volks- und der Freiheitlichen Partei zur Reform des Bundesheeres. Zu unterschiedlich sind die Auffassungen über die geplante Bereitschaftstruppe von 15 000 längerdienenden Soldaten. Im September entscheidet der Nationalrat, daß Österreicher nur noch sechs anstatt neun Monate im Heer dienen müssen.

Politik

Der deutsche Bundesrat billigt das Gesetz zum Schutz gegen Fluglärm. Zur Neuregelung zählt die Einrichtung von Lärmschutzbereichen in der Umgebung und den Einflugschneisen von Flughäfen.

Wetter

Niederschlagsreich präsentiert sich das Wetter im Februar 1971 bei Temperaturen von 2,1° C.

Samstag 19. Februar

Politik

Das chilenische Parlament nimmt ein verfassungsänderndes Gesetz an, das Verstaatlichungen erschwert. Künftig kann die Regierung Privateigentum nicht mehr ohne Zustimmung des Kongresses sozialisieren. 1970 übernahm der Sozialist Salvador Allende Gossens, der als Kandidat einer von mehreren linksgerichteten Parteien getragenen Volksfront mit knapper Mehrheit gewählt worden war, die Präsidentenschaft. Seinen Versuch, die wirtschaftliche und soziale Situation des Landes u. a. durch Verstaatlichungen von Unternehmen zu verbessern, bekämpft die konservative Opposition. Im September 1973 kommt es zum Militärputsch, bei dem Allende ermordet wird. General Augusto Pinochet Ugarte übernimmt die Macht.

Politik

Die Mongolische Volksrepublik und Japan nehmen diplomatische Beziehungen auf Botschafterebene auf. Die Mongolei ist das erste kommunistische Land Asiens, das mit Japan diplomatische Vertreter austauscht.

Wetter

Eine für die Jahreszeit recht milde Temperatur von durchschnittlich 2,1° C bestimmt den Februar.

Montag 19. Februar

Politik

Henry Kissinger, Sonderberater des US-Präsidenten Richard M. Nixon, vereinbart während eines Aufenthalts in Peking mit Ministerpräsident Zhou Enlai und KP-Chef Mao Zedong die Einrichtung von gegenseitigen Verbindungsbüros. Damit soll die 1972 eingeleitete Normalisierung der Beziehungen zwischen beiden Staaten beschleunigt werden.

Politik

Die Polizeipräfektur von Paris verbietet die Durchführung einer geplanten Konferenz von US-Kriegsdienstverweigerern und Deserteuren aus dem Vietnamkrieg wegen der bevorstehenden Friedenskonferenz zur Beendigung des Konflikts.

Gesellschaft

Zum 500. Geburtstag des Astronomen Nikolaus Kopernikus wird eine alte Fehde über seine Nationalität beigelegt. Unter den Forschern herrscht fortan Einigkeit, daß der Astronom Pole war.

Wetter

Noch wärmer als im Vorjahr ist es im Februar 1973. Die durchschnittlichen Temperaturen liegen mit 2,5° C um 2,1° C über dem langjährigen Mittel.

Dienstag 19. Februar

Politik

Nach 88 Sitzungen endet in Arezzo (Italien) der Prozeß gegen das Nationale Institut für die Einziehung der Konsumsteuer mit 103 Schuldsprüchen wegen Korruption. Gegenstand der Anklage war die »Verpachtung« der Steuereintreibung an Privatunternehmer in den Jahren 1949 bis 1954.

Ausgestellte Hosen und viel Schmuck trägt die moderne Frau in den 70er Jahren

Politik

In weiten Teilen Frankreichs gehen die tags zuvor begonnenen Bauernproteste weiter. Über 30000 Landwirte demonstrieren für die Durchsetzung höherer Erzeugerpreise innerhalb der Europäischen Gemeinschaft. Auch die deutschen Bauern sind zunehmend über die Agrarpreispolitik ihrer Regierung verstimmt. Am 20. September werden die gemeinsamen Agrarpreise in den Mitgliedsländern der EG um 5 % angehoben.

Wetter

Deutschland erlebt einen relativ warmen Februar. Der statistische Temperatur-Mittelwert von 0,4° C wird gleich um 3,4° C übertroffen.

Mittwoch 19. Februar

Politik

Die Polizei räumt den zwei Tage zuvor von Kernkraftgegnern besetzten Bauplatz für den Neubau eines Atomkraftwerks bei Wyhl am Oberrhein. Die Ausschreitungen gegen das von weiten Teilen der Bevölkerung abgelehnte AKW halten jedoch an.

Gesellschaft

Die documenta in Kassel wird aus organisatorischen Gründen um ein Jahr auf 1977 verschoben. Dies teilt die Leitung der bedeutenden Ausstellung zeitgenössischer Kunst mit.

Voll im Zeitgeschmack: Der Midimantel mit aufgesetzten Taschen für kalte Winter

Gesellschaft

In Florenz stirbt im Alter von 71 Jahren Luigi Dallapiccola, einer der führenden zeitgenössischen Komponisten. In seinem Werk verwendete der Italiener hauptsächlich die Zwölftontechnik.

Wetter

Ein durchschnittlicher Februar in Deutschland bringt Temperaturen um 1,1° C und bietet auch bei der Niederschlagsmenge keine Überraschungen.

Donnerstag 19. Februar

Politik

Der deutsche Bundestag in Bonn billigt die mit der Volksrepublik Polen geschlossenen Verträge. Die deutsch-polnischen Vereinbarungen sehen vor, daß sich die Bundesrepublik Deutschland zu einer pauschalen Abgeltung von Rentenansprüchen in Höhe von 1,3 Mrd. DM verpflichtet. Die polnische Regierung ermöglicht zunächst 125 000 Personen deutscher Volkszugehörigkeit die Ausreise aus Polen.

Politik

Seinen vorläufigen Höhepunkt erreicht der sog. Kabeljaukrieg, da Island die diplomatischen Beziehungen zu Großbritannien abbricht. Island, dessen rund 220 000 Einwohner größtenteils vom Fischfang leben, hatte am 15. Juli 1975 einseitig die Ausdehnung seiner Fischereizone auf 200 Seemeilen beschlossen. Diese Maßnahme richtete sich gegen britische Trawler, die die Existenzgrundlage der isländischen Fischer bedrohen. Erst in den folgenden Wochen findet eine langsame Wiederaufnahme der diplomatischen Kontakte statt.

Wetter

Viel Sonne und Trockenheit laden zu Winterspaziergängen bei durchschnittlich 0,3° C ein. Im Mittel fallen nur 11 mm Niederschlag pro m^2.

Samstag 19. Februar

Politik

15 000 Menschen demonstrieren in Itzehoe gegen das entstehende Kernkraftwerk Brokdorf. Sie wenden sich gegen die Gefahren, die von der nach ihrer Ansicht nicht ausgereiften Nukleartechnologie ausgehen.

Politik

Die Gefangenenhilfsorganisation Amnesty International berichtet auf einem Kongreß in Amsterdam über die politische Lage im Iran. Dort soll es 25 000 politische Gefangene geben.

Rekorde in den 70er Jahren

100 m: Marlies Göhr (GDR) – 10,88 sec (1977)
Hochsprung: Rosemarie Ackermann (GDR) – 2,00 m (1977)
Weitsprung: Vilma Bardauskiene (URS) – 7,09 m (1978)
800 m: S. Coe (GBR) – 1:42,4 min (1979)

Kultur

Harald Muellers Theaterstück »Winterreise« wird in Braunschweig uraufgeführt. Der aus Ostpreußen stammende Dramaturg gilt als ein »Wunderkind« des internationalen Theaters.

Wetter

Das Klima im Februar 1977 ist in Deutschland recht mild. Die Temperaturmessungen weisen einen Mittelwert von 2,7° C aus, der sonstige Monatswert liegt bei 0,4° C.

Sonntag 19. Februar

Politik

Zypriotische Nationalgardisten eröffnen auf dem Flughafen Larnaka das Feuer auf eine ägyptische Eliteeinheit, die Geiseln aus einer von palästinensischen Terroristen entführten Verkehrsmaschine befreien wollte. Bei dem Schußwechsel kommen 15 Ägypter ums Leben. Anschließend befreit die Nationalgarde die Geiseln und nimmt die PLO-Terroristen fest. Die Regierung Zyperns behauptet daraufhin, sie sei von Kairo nicht über die Landung des Sonderkommandos informiert worden. Ägypten bestreitet dies und erklärt, man habe die Aktion mit zypriotischen Behörden vorbereitet und eine ausdrückliche Genehmigung für die Befreiung der Geiseln erhalten. Am Vortag war der Chefredakteur einer großen Kairoer Tageszeitung und enger Freund des ägyptischen Präsidenten Anwar As Sadat von PLO-Terroristen in Nikosia erschossen worden.

Stars der 70er Jahre

Robert de Niro
Filmschauspieler
Jane Fonda
Filmschauspielerin
Woody Allen
Filmregisseur
Steven Spielberg
Filmregisseur
Muhammad Ali
Boxer

Wetter

Eine Rekordniederschlagsmenge von 153 mm pro m² (sonst 40 mm) geht auf Deutschland nieder. Die Temperaturen pendeln sich bei –0,6° C ein.

Montag 19. Februar

Politik

Der deutsche Bundespräsident Walter Scheel stattet Österreich einen Staatsbesuch ab. Bei der bis zum 23. Februar dauernden Visite wird vor allem das gutnachbarliche Verhältnis zwischen den beiden Staaten betont. Scheel hatte das Amt des Bundespräsidenten 1974 übernommen; 1979 übergibt er das Amt an Karl Carstens (CDU).

Politik

In Bulgarien wird Privatpersonen die weitgehend freie wirtschaftliche Betätigung im Gast- und Beherbergungsgewerbe erlaubt. Unter der Führung des Ersten Sekretärs der Kommunistischen Partei Bulgariens, Todor Schivkov, arbeitet Bulgarien wirtschaftlich und politisch sehr eng mit der Sowjetunion zusammen. Die Politik Schivkovs in der zweiten Hälfte der 70er Jahre wird insbesondere durch seine auf Personenkult und Cliquenwirtschaft gestützte Herrschaft charakterisiert. Die Außenpolitik ist vor allem durch die verbesserten Beziehungen zu Jugoslawien gekennzeichnet.

Wetter

Die Temperaturwerte im Februar 1979 sind deutlich zu niedrig. Das Thermometer zeigt im Schnitt lediglich –2,5° C an.

1980–1989

Highlights des Jahrzehnts

1980

- Golfkrieg zwischen Iran und Irak
- Gründung einer neuen Bundespartei: »Die Grünen«
- Bildung der polnischen Gewerkschaft »Solidarność«

1981

- Attentate auf US-Präsident Ronald Reagan, den Papst und Ägyptens Staatschef Anwar As Sadat
- Erster Start der wiederverwendbaren Raumfähre »Columbia«
- In den USA werden die ersten Fälle von AIDS bekannt
- Hochzeit des Jahres: Der britische Thronfolger Charles, Prince of Wales, heiratet Lady Diana

1982

- Krieg um die Falkland-Inseln
- Sozialliberale Koalition bricht auseinander; Helmut Kohl wird neuer Bundeskanzler
- Selbstjustiz vor Gericht: der »Fall Bachmeier«
- »E. T. – der Außerirdische« wird zum Kinohit

1983

- US-Invasion auf Grenada
- Skandal um gefälschte Hitler-Tagebücher
- Aerobic wird in der Bundesrepublik populär

1984

- Richard von Weizsäcker wird Bundespräsident
- Ermordung von Indiens Ministerpräsidentin Indira Gandhi, Nachfolger wird ihr Sohn Rajiv Gandhi

1985

- Michail Gorbatschow wird neuer Kremlchef
- Sensation: Boris Becker siegt als erster Deutscher in Wimbledon
- »Live-Aid-Concert« für Afrika

1986

- Attentat auf Schwedens Ministerpräsident Olof Palme
- Katastrophe im Kernkraftwerk Tschernobyl
- Explosion der US-Raumfähre »Challenger«
- Premiere des Musicals »Cats« in Hamburg

1987

- Widerstand gegen Volkszählung
- Barschel-Affäre in Kiel
- Matthias Rust landet mit einem Sportflugzeug auf dem Roten Platz in Moskau

1988

- Atommüllskandal in Hessen
- Ende des Golfkriegs
- Geiseldrama von Gladbeck als Medienspektakel
- Dopingskandal überschattet Olympische Spiele in Seoul
- Reagan und Gorbatschow vereinbaren Verschrottung atomarer Mittelstreckenraketen

1989

- Die DDR öffnet ihre Grenzen
- Blutbad auf dem Platz des Himmlischen Friedens in Peking
- Demokratisierungskurs im gesamten Ostblock
- »Exxon Valdez«: Ölpest vor Alaska

◀ Jüngster Wimbledon-Sieger aller Zeiten: Der 17jährige Boris Becker 1985

Dienstag 19. Februar

Gesellschaft

Ein neuer »Duden« wird im Buchhandel angeboten. Die 18. Auflage des in deutschen Rechtschreibfragen allgemein als verbindlich geltenden Wörterbuchs ist eine Jubiläumsausgabe: Vor 100 Jahren gab Konrad Duden das erste Wörterbuch heraus. Gegenüber der 17. Auflage wurden 6000 Wörter neu aufgenommen, z. B. Jogging und Frust.

Preise in den 80er Jahren

1 kg Butter	9,44
1 kg Mehl	1,36
1 kg Fleisch	11,83
1 l Vollmilch	1,22
1 Ei	0,26
10 kg Kartoffeln	8,84
1 kg Zucker	1,94
Stundenlohn	17,23

in DM, Stand 1985

Kultur

Eine Ausstellung mit den Grabbeigaben des ägyptischen Pharaos Tutanchamun finden in West-Berlin statt. 101 Tage lang sind die wertvollen Stücke zu sehen, die gewöhnlich im Ägyptischen Museum in Kairo ausgestellt sind. Tutanchamun war zwischen 1347 und 1337 v. Chr. König Ägyptens. Das unversehrte Grab des jungen Pharaos wurde 1922 von dem britischen Archäologen Howard Carter entdeckt.

Wetter

Ein eisiger Winter bleibt den Deutschen in diesem Jahr erspart. Das Thermometer weist im Durchschnitt 1,2° C aus.

Donnerstag 19. Februar

Kultur

Für herausragende Leistungen wird in West-Berlin die Goldene Kamera an verschiedene Persönlichkeiten aus Funk und Fernsehen vergeben. Ausgezeichnet werden beispielsweise Grit Boettcher, Harald Juhnke, Elke Heidenreich und TV-Autor Herbert Reinecker. Die Goldene Super-Kamera bekommt aufgrund einer Publikumsumfrage der Schauspieler Horst Tappert alias Oberinspektor Derrick. Damit ist er vor Hanjörg Felmy und Erik Ode der beliebteste Kriminalkommissar beim bundesdeutschen TV-Publikum.

In New York hat der erste Rundfunksender in russischer Sprache Premiere. Das vom Kulturzentrum für russische Emigranten gegründete WWCS Broadcasting richtet sich an Einwanderer im Großraum der Stadt.

Kultur

Der Schriftsteller Martin Walser bekommt in Düsseldorf die undotierte Heine-Medaille. Der Roman-, Hörspiel- und Theaterautor erhält 1981 außerdem den angesehenen Georg-Büchner-Preis.

Wetter

Nur etwa die Hälfte der sonst im Februar üblichen Niederschlagsmenge von 40 mm pro m^2 fällt in Deutschland. Die Temperaturen liegen im Durchschnitt bei 0,9° C.

Freitag 19. Februar

Politik

Papst Johannes Paul II. beendet eine ungewöhnliche Auslandsreise. Sein einwöchiger Besuch galt vier überwiegend von Moslems bewohnten Staaten Westafrikas. Der 1978 zum Oberhaupt der katholischen Kirche gewählte Johannes Paul begibt sich auf zahlreiche Reisen, auf denen er den Kontakt zurBevölkerung sucht.

Auffällig unauffällig: So stellt sich die lässige Frau der 80er ihre Mode zusammen

Politik

Herbert Wehner, Vorsitzender der SPD-Bundestagsfraktion, reist ohne Regierungsauftrag in die Volksrepublik Polen. Der Besuch wird von der Opposition heftig kritisiert. Der im Bundestag wegen seiner scharfen Attacken und bissigen Zwischenrufe gefürchtete Parlamentarier war in den 60er und 70er Jahren einer der engagiertesten Befürworter der Ostpolitik Willy Brandts.

Wetter

Von seiner besten Seite zeigt sich der Februar 1982. Anstatt der sonst üblichen 78 Sonnenstunden werden 114 gezählt, zudem ist es sehr trocken.

Samstag 19. Februar

Politik

Brasilien wird von einer schweren Wirtschaftskrise heimgesucht. Abweichend vom bisherigen Verfahren geringer Abwertungen, senkt Brasilien den Wert des Cruzeiro um 30 %. Ein Dollar kostet nun 381,44 Cruzeiros.

Gesellschaft

Schwere Buschfeuer verwüsten Australien. Bislang kamen 69 Personen ums Leben, weitere 100 Personen liegen im Krankenhaus. Der Sachschaden beläuft sich allein bei Privathaushalten auf 600 Mio. DM.

Leger und bequem: Herrenmode im Oversize-Stil mit Jackenmantel

Kultur

Die Retrospektive der Filmfestspiele in Berlin erinnert in diesem Jahr an Schauspieler, die vor 50 Jahren, im Jahr der Machtergreifung der Nationalsozialisten, vor der Gewaltherrschaft ins Ausland emigrierten.

Wetter

Etwas zu kalt ist es im Februar 1983 in Deutschland. Der Monat bringt durchschnittliche Temperaturwerte von nur –0,6° C.

Sonntag 19. Februar

Politik

Melina Mercouri, griechische Chansonsängerin, Schauspielerin und seit 1981 Kulturministerin, demonstriert während ihres Berlin-Besuchs vor dem Gefängnis in Moabit für die Entlassung ihres Landsmannes Minas Kontos aus der Abschiebehaft.

Politik

Ein neues Konkordat schließen der Vatikan und Italien. Das Abkommen löst den 1929 mit dem faschistischen Diktator Benito Mussolino vereinbarten Vertrag ab. Künftig ist u. a. der römische Katholizismus nicht mehr Staatsreligion in Italien.

Sport

In Sarajevo gehen die XIV. Olympischen Winterspiele zu Ende. Die Wettkämpfe in Jugoslawien wurden am 8. Februar eröffnet. Das erfolgreichste Team vor der UdSSR und den USA stellt erstmals die DDR. Sie erringt insgesamt neun Gold-, neun Silber- und sechs Bronzemedaillen. Für die Bundesrepublik gibt es Siege nur im Biathlon und Rodeln.

Wetter

Die Temperaturen erreichen im Februar 1984 genau das langjährige statistische Mittel von 0,4° C.

Dienstag 19. Februar

Gesellschaft

Der zweitjüngste Sohn der britischen Königin Elisabeth II., Prinz Andrew, begeht seinen 25. Geburtstag. Als »Hochzeit des Jahres« wird im kommenden Jahr seine Vermählung mit Sarah Ferguson gefeiert. Die Ehe wird allerdings bereits 1993 geschieden.

Gesellschaft

Beim Absturz einer Boeing 727 der spanischen Fluggesellschaft Iberia in der Nähe von Bilbao kommen alle 148 Insassen ums Leben. Die Maschine befand sich auf dem Flug von Madrid nach Bilbao.

Kultur

Die 35. Internationalen Filmfestspiele finden in West-Berlin statt. Der Goldene Bär als Hauptpreis geht zum Abschluß am 28. Februar zu gleichen Teilen an den britischen Spielfilm »Wetherby« von David Hare und den DDR-Beitrag »Die Frau und der Fremde« von Rainer Simon.

Wetter

Deutlich zu kalte Temperaturen prägen den Februar 1985. Die Werte pendeln sich im Mittel bei frostigen –2,9° C ein.

Mittwoch 19. Februar

Politik

Die erste Konferenz der französischsprachigen Länder der Welt endet im Schloß von Versailles. An dem vom französischen Staatspräsidenten François Mitterrand eröffneten dreitägigen Treffen nahmen Delegationen aus 38 Staaten teil. Aus politischen Gründen blieb u. a. Algerien der Veranstaltung fern, weil es die Tagung als kolonialistisch ansah.

Rekorde in den 80er Jahren

1500 m: S. Aouita (MAR) – 3:29,46 min (1985)
Stabhochsprung: Sergej Bubka (URS) – 6,00 m (1985)
100 m: Florence Griffith (USA) – 10,49 sec (1988)
Hochsprung: Javier Sotomayor (CUB) – 2,44 m (1989)

Politik

Der deutsche Bundespräsident Richard von Weizsäcker kehrt von seiner am 4. Februar begonnenen Asienreise zurück. Das Staatsoberhaupt besuchte Birma, Bangladesch und Malaysia. Weizsäcker, von 1981 bis 1984 für die CDU Regierender Bürgermeister von Berlin, übernahm das Amt des Bundespräsidenten 1984. Zehn Jahr später wird er von Roman Herzog abgelöst.

Wetter

Bitterkalt, aber sehr sonnig stellt sich der Februar 1986 in Deutschland vor. Bei mittleren Temperaturen von –6,3° C ist warme Winterkleidung gefragt.

Donnerstag 19. Februar

Politik

Der als »Mauerläufer« bekanntgewordene 69 Jahre alte Amerikaner John Ruwenigs wird in Ost-Berlin zu 18 Monaten Freiheitsstrafe mit Bewährung verurteilt und soll in den Westteil der Stadt abgeschoben werden. Er hatte anläßlich des 25. Jahrestages des Mauerbaus am 13. August 1986 in mehreren spektakulären Aktionen auf dieses Jubiläum aufmerksam gemacht. Die DDR-Führung ist an einer härteren Bestrafung aus weltpolitischen Gründen nicht interessiert.

Sport

Bei den Nordischen Ski-Weltmeisterschaften im bayerischen Oberstdorf sichert sich die Bundesrepublik Deutschland die Goldmedaille in der Mannschaftswertung der Nordischen Kombination. Hermann Weinbuch, Hans-Peter Pohl und Thomas Müller triumphieren über Norwegen und die Sowjetunion. Erfolgreichste Nation bei den bis zum 22. Februar laufenden Wettkämpfen wird mit drei Goldmedaillen Schweden.

Wetter

Für die Jahreszeit recht kalt ist der Februar 1987. Die Temperaturen weisen am Monatsende einen Mittelwert von –0,5° C aus.

Freitag 19. Februar

Politik

Papst Johannes Paul II. veröffentlicht seine Sozialenzyklika. In dem Rundschreiben »Sollicitudo rei socialis« beklagt das katholische Kirchenoberhaupt insbesondere die verbreitete Not in der Welt und spricht sich für eine Reform des internationalen Handels- und Finanzsystems aus.

Stars der 80er Jahre

Richard Gere
Filmschauspieler
Madonna
Sängerin
Harrison Ford
Filmschauspieler
Jodie Foster
Filmschauspielerin
Michael Jackson
Sänger

Politik

In Litauen fordern rund 100 000 Demonstranten die Unabhängigkeit von der UdSSR. Anlaß der Protestkundgebung ist der 70. Jahrestag der Proklamierung eines unabhängigen Staates Litauen. Die baltische Republik war 1940 von der Sowjetunion annektiert worden. Nachdem Parteichef Michail Gorbatschow eine Liberalisierung der sowjetischen Politik eingeleitet hat, erreichen die baltischen Staaten als Folge seiner Reformen 1991 ihre Unabhängigkeit.

Wetter

Trübe Aussichten im Februar 1988: Der Monat präsentiert sich extrem niederschlagsreich, die Temperaturwerte liegen im Mittel bei 2,8° C.

Sonntag 19. Februar

Politik

Das Präsidium des Obersten Sowjets von Estland beschließt die Wiedereinführung des Gedenktages an die Proklamation der unabhängigen Republik am 24. Januar 1918. Erstmals spricht das estnische Parteiorgan »Sowjetskaja Estonia« in diesem Zusammenhang von der »Besetzung Estlands durch sowjetische Truppen 1940«. Bisher war stets vom Gesuch der drei baltischen Staaten um Anschluß an die UdSSR die Rede. 1991 erreichen die baltischen Unabhängigkeitsbestrebungen ihr Ziel.

Kultur

In Berlin finden die 39. Internationalen Filmfestspiele statt. Zur Eröffnung am 10. Februar liefen die »Gefährlichen Liebschaften« von Stephen Frears, ein Film um einen adeligen Verführer am Vorabend der Französischen Revolution. Den Goldenen Bären als Hauptauszeichnung erhält am 21. Februar »Rain Man« von Barry Levinson. Unbestrittener Star des Films, der das Thema Autismus aufgreift, ist Dustin Hoffman.

Wetter

Fast frühlingshafte Temperaturen bringt der Februar 1989. Die Werte betragen im Monatsmittel angenehme 4,1° C.

INAUGURATION OF

1990 - 1996

Highlights des Jahrzehnts

1990

- Wiedervereinigung Deutschlands
- Südafrika: Nelson Mandela nach 27jähriger Haft freigelassen
- Irakische Truppen überfallen das Emirat Kuwait
- Gewerkschaftsführer Lech Walesa neuer polnischer Präsident
- Litauen erklärt Unabhängigkeit
- Deutsche Fußballnationalelf zum dritten Mal Weltmeister
- Star-Tenöre Carreras, Domingo und Pavarotti treten gemeinsam auf

1991

- Alliierte befreien Kuwait und beenden den Golfkrieg
- Auflösung des Warschauer Pakts
- Bürgerkrieg in Jugoslawien
- Auflösung der Sowjetunion – Gründung der GUS
- Sensationeller archäologischer Fund: »Ötzi«
- Vertrag von Maastricht
- Sieben Oscars für Kevin Costners »Der mit dem Wolf tanzt«
- Bürgerkrieg in Somalia
- Frieden im Libanon

1992

- Abschaffung der Apartheid-Politik in Südafrika
- Entsendung von UNO-Blauhelmsoldaten nach Jugoslawien
- Tod des ehemaligen Bundeskanzlers Willy Brandt
- Bill Clinton zum 42. US-Präsidenten gewählt
- In Hamburg wird mit Maria Jepsen zum ersten Mal eine Frau Bischöfin
- Fertigstellung des Rhein-Main-Donau-Kanals

1993

- Teilung der ČSFR in die Tschechische und die Slowakische Republik
- Rechtsradikale Gewaltakte gegen Ausländer
- Gaza-Jericho-Abkommen zwischen Israel und der PLO
- Skandal um HIV-Blutplasma
- Einführung von fünfstelligen Postleitzahlen im Bundesgebiet
- Sexskandal um Pop-Star Michael Jackson

1994

- Nelson Mandela erster schwarzer Präsident Südafrikas
- Fertigstellung des Eurotunnels unter dem Ärmelkanal
- Über 900 Todesopfer beim Untergang der Fähre »Estonia«
- Abzug der letzten russischen Truppen aus Berlin
- Michael Schumacher erster deutscher Formel-1-Weltmeister

1995

- Weltweite Proteste gegen französische Atomversuche im Pazifik
- Giftgasanschlag in Tokio
- Einführung von Pflegeversicherung und Solidaritätszuschlag
- Verpackungskünstler Christo verhüllt den Berliner Reichstag
- Ermordung des israelischen Regierungschefs Yitzhak Rabin
- Friedensvertrag für Bosnien

1996

- Arafat gewinnt Wahlen in Palästina
- IRA kündigt Waffenstillstand auf
- 100 Jahre Olympia: Jubiläumsspiele der Superlative in Atlanta

◀ **Der Präsident spielt Saxophon: Bill Clinton feiert 1993 die Amtseinführung**

Montag 19. Februar

Politik

Die britische Regierung lehnt ein Angebot der nordirischen Untergrundorganisation IRA ab, ohne Vorbedingungen über einen Waffenstillstand zu verhandeln. Gespräche könnten erst dann stattfinden, wenn die IRA der Gewalt abschwöre.

Politik

Das südafrikanische Parlament beendet die Rassentrennung in öffentlichen und betrieblichen Einrichtungen, die 1953 eingeführt worden war. Ab Oktober 1990 sollen Menschen aller Hautfarben Schwimmbäder und Bibliotheken gemeinsam nutzen können.

Politik

Amnesty international wirft der brasilianischen Polizei zahlreiche Verstöße gegen Menschenrechte vor. Folterungen auf den Revieren seien alltäglich. Zahlreiche Polizisten machten mit Hilfe von »Todesschwadronen« Jagd auf angebliche Kriminelle.

Wetter

Im Jahr der deutschen Einheit ist das Februarwetter so warm wie nie zuvor im 20. Jahrhundert. Die durchschnittlichen Temperaturen liegen bei 6,7° C.

Dienstag 19. Februar

Politik

Ein Programm »Ökologischer Aufbau« zur Beseitigung der Umweltschäden in Ostdeutschland stellt Bundesumweltminister Klaus Töpfer (CDU) vor. Allein im laufenden Jahr 1991 sollen für Maßnahmen zur Umweltverbesserung insgesamt 17 Mrd. DM ausgegeben werden. Insbesondere durch die Braunkohleverbrennung sind einige Gebiete in Mitleidenschaft gezogen, da Filteranlagen fehlten.

Rekorde in den 90er Jahren

Weitsprung: Mike Powell (USA) – 8,95 m (1991)
110 m Hürden: Colin Jackson (USA) – 12,91 sec (1993)
Skifliegen: E. Bredesen (NOR) – 209 m (1994)
Dreisprung: J. Edwards (GBR) – 18,29 m (1995)

Sport

Die Weltmeisterschaften im Biathlon beginnen im finnischen Lahti. Als erfolgreichste Mannschaft schließt das deutsche Team die Wettkämpfe am 24. Februar ab. Mark Kirchner gewinnt in den Rennen über 10 km, 20 km und mit der 4 x 7,5-km-Staffel Gold. Überraschungssiegerin über 15 km wird Petra Schaaf aus Willingen.

Wetter

Etwas zu geringe Niederschläge prägen das Wetter im Februar 1991. Die Temperaturen erreichen einen Mittelwert von nur –2,2° C.

Mittwoch 19. Februar

Politik

Eine Diätenerhöhung um 4,6 % genehmigt sich einstimmig der niedersächsische Landtag in Hannover. Die Höhe der Abgeordnetenvergütungen in Bund und Ländern zieht 1992 vielfach heftige Kritik auf sich. Angesichts knapper Staatsfinanzen, hoher Arbeitslosigkeit und schlechter Wirtschaftslage wird den Parlamentariern hemmungslose Selbstbedienung vorgeworfen. Mitte der 90er Jahre muß der deutsche Bundestag eine vorgesehene Diätenerhöhung wieder zurücknehmen.

Stars der 90er Jahre

Kevin Costner
Filmschauspieler
Julia Roberts
Filmschauspielerin
Whitney Houston
Sängerin
Michael Schumacher
Rennfahrer
Luciano Pavarotti
Sänger

Gesellschaft

Der älteste Affe der Welt stirbt im amerikanischen Atlanta. Der Schimpanse Gamma erreichte ein Alter von 59 Jahren und 5 Monaten. Gamma wurde 1932 in Gefangenschaft geboren und lebte im Yerkes-Zentrum für Primatenforschung.

Wetter

Der Winter legt im Februar 1992 eine Pause ein. Die Temperaturen pendeln sich bei 4,1° C ein, zudem werden 50 Sonnenstunden registriert.

Freitag 19. Februar

Politik

Eine zweiwöchige Asienreise beginnt der deutsche Bundeskanzler Helmut Kohl (CDU). Insgesamt besucht der Regierungschef fünf asiatische Staaten. Im Mittelpunkt der Gespräche stehen wirtschaftliche Themen und Fragen der jeweiligen beiderseitigen Beziehungen.

Preise in den 90er Jahren

1 kg Butter	8,20
1 kg Mehl	1,21
1 kg Fleisch	12,85
1 l Vollmilch	1,33
1 Ei	0,27
10 kg Kartoffeln	10,30
1 kg Zucker	1,92
Stundenlohn	24,91

in DM, Stand 1993

Sport

In der schwedischen Stadt Falun laufen die diesjährigen Nordischen Ski-Weltmeisterschaften. Bei der bis zum 28. Februar dauernden Veranstaltung dominieren Athleten aus Norwegen. Zwei von insgesamt sechs Weltmeistertiteln gehen an Björn Dæhlie im 15-km- und 30-km-Langlauf. Einziger deutscher Erfolg bleibt die Bronzemedaille in der Mannschaftswertung der Nordischen Kombination der Männer.

Wetter

Ein typischer Februar in Deutschland bringt Temperaturwerte um mäßige 0,5° C und bietet auch bei der Niederschlagsmenge keine besonderen Überraschungen.

Samstag 19. Februar

Politik

Mit Straßenblockaden protestieren jüdische Siedler in Jerusalem gegen den Mord an einer schwangeren Israelin durch die palästinensische Terrororganisation Hamas im Westjordanland. Trotz aller Friedensbemühungen gibt es weitere Anschläge.

Krawatte ist kein Muß mehr: Anzug mit zweireihigem Sakko

Politik

Die bosnischen Serben sind gemäß eines bis zum 21. Februar befristeten Ultimatums der NATO bereit, im bosnischen Bürgerkrieg ihre schweren Geschütze aus der Umgebung der Hauptstadt Sarajevo abzuziehen. Nach langem Zögern hatte sich das westliche Verteidigungsbündnis zur Androhung von Waffengewalt entschlossen. Gleichzeitig wirkte Rußland auf die Serben ein. Im November 1995 kommt es in Dayton im US-Bundesstaat Ohio zu einem Friedensabkommen für Bosnien.

Wetter

Sonniges und kaltes Winterwetter bestimmt den Februar 1994. Das Thermometer zeigt im Durchschnitt –0,5° C; es fallen kaum Niederschläge.

Sonntag 19. Februar

Politik

Bei der Landtagswahl in Hessen behauptet die rot-grüne Koalition ihre Mehrheit. Ihre Bestätigung verdankt sie vor allem dem guten Abschneiden von Bündnis 90 / Die Grünen, die ihr Ergebnis von 8,8 auf 11,2 % steigern. Ministerpräsident bleibt Hans Eichel (SPD). Mit Rupert von Plottnitz als Justizminister führt erstmalsein Grünen-Politiker ein »klassisches« Ressort.

Für die heißen Sommer der 90er Jahre: Kleid mit Bustieroberteil

Gesellschaft

Auf Beschluß der Hamburger Bürgerschaft erfolgt die Sprengung des Iduna-Hochhauses am Millerntor. Das 1966 errichtete Gebäude ist so stark asbestverseucht, daß alle Sanierungsversuche scheiterten. Den Zusammenbruch des 89 m hohen Bürogebäudes verfolgen insgesamt 80 000 Schaulustige. 180 kg Sprengstoff verwandeln um 13.01 Uhr den Turm in St. Pauli binnen vier Sekunden in eine gelbgraue Staubwolke.

Wetter

75 Stunden Sonne machen den Februar bei Temperaturen von 4,7° C zu einem schönen Monat.

Montag 19. Februar

Mittwoch 19. Februar

Sonntag 19. Februar

Sven Hedin

***19.2.1865 Stockholm**

Die unerforschten Wüsten- und Gebirgsregionen zwischen dem Ural und Peking hatten es dem schwedischen Forscher angetan. In mehreren Expeditionen erkundete er die Region und entdeckte dabei u. a. die Quelle des Brahmaputra. 1927–1933 leitete er eine Expedition in Ostturkestan und in der Wüste Gobi, die wichtige archäologische und geographische Erkenntnisse brachte. Die Reiseberichte des 1952 gestorbenen Wissenschaftlers fanden ein großes Publikum, doch brachte Hedin seine Sympathie für das NS-System heftige Kritik ein.

Montag 19. Februar

Gabriele Münter

***19.2.1877 Berlin**

Ihr Malstil war impulsiv, ihre Farbgebung kraftvoll. Die deutsche Malerin entwickelte als Mitglied der Künstlergruppe »Blauer Reiter« um Wassily Kandinsky und als dessen Lebensgefährtin (1908–1914) eine eigene künstlerische Ausdrucksweise. Ihre Vorliebe für Volkskunst zeigte sich in ihren vor 1914 entstandenen Stilleben, Landschaften und Figurenbilder. In Stockholm (1915–1920) malte sie insbesondere ausdrucksvolle Frauenbildnisse. Zum Expressionismus der Vorkriegszeit kehrte die 1962 gestorbene Künstlerin in ihrem Spätwerk zurück.

Sonntag 19. Februar

Nicolas Hayek

***19.2.1928 Beirut**

Als sich in den 70er Jahren die renommierte Schweizer Uhrenindustrie in einer Krise befand – die Hälfte aller Betriebe mußte schließen –, wartete Hayek mit einer Idee auf, die der Branche wieder auf die Beine half: Der Unternehmer entwickelte eine wasserfeste, stoßsichere Kunstoffuhr, die sich für die Massenproduktion eignete, und nannte sie Swatch. Die bunten und preisgünstigen Zeitmesser avancierten zum Moderenner, viele Modelle wurden begehrte Sammlerstücke. Hayek sanierte so als Präsident den größten Schweizer Uhrenkonzern SMH.

Freitag 19. Februar

Sócrates

***19.2.1954 Belém/Brasilien**

Der brasilianische Fußballstar bestritt für sein Land 63 Länderspiele und schoß dabei 17 Tore. Bei der WM in Spanien 1982 gehörte Sócrates zu den herausragenden Spielern. In der zweiten Finalrunde kam jedoch das Aus gegen den späteren Titelträger Italien. In Südamerika wurde Sócrates zum Fußballer des Jahres 1983 gewählt. Bei seiner zweiten WM 1986 in Mexiko zeigte der ansonsten sichere Strafstoßschütze Nerven: Er verschoß im Elfmeterschießen gegen Frankreich. Der 34jährige beendete 1988 seine Karriere und ließ sich als Arzt nieder.

Freitag 19. Februar

Prinz Andrew

***19.2.1960 London**

Der zweite Sohn der britischen Queen Elisabeth II., der nach seinem Bruder Charles und seinen Neffen William und Henry an vierter Stelle der Thronfolge steht, galt lange Zeit als Sonnyboy der königlichen Familie. Seine Vorliebe für Playgirls und Fotomodelle beschäftigte häufig die Boulevardpresse. Der geübte Segelflieger und Gleitschirmsegler trat nach einer Fallschirm- und Fliegerausbildung der Royal Navy bei. 1982 flog er Einsätze im Krieg um die Falklandinseln. Seine 1986 geschlossene Ehe mit Sarah Ferguson (zwei Töchter) hielt nur kurz.

Impressum

Autor:	Bernd Jordan/Alexander Lenz, TARGET DATA, Dortmund
Redaktion:	Jochen Dilling/Thomas Huhnold, TARGET DATA, Dortmund
Bildredaktion:	Sonja Rudowicz
Umschlaggestaltung und Layout:	Pro Design, München
Satz:	TARGET DATA, Dortmund
Druck:	Brepols, Turnhout

Abbildungsnachweis: Bertelsmann Lexikon Verlag, Gütersloh: 128; dpa, Frankfurt: 129,131; Keystone, Hamburg: 130, 132.
Modefotos 1900–30er Jahre, Damenmode 40er Jahre, Damenmode 50er Jahre: Bertelsmann Lexikon Verlag, Gütersloh; Modefotos Herrenmode 40er Jahre, Herrenmode 50er Jahre, 60er–90er Jahre: Prof. Dr. Ingrid Loschek, Boxford.
Alle übrigen Abbildungen: Bettmann Archive/UPI/Reuters/John Springer Coll., New York.

Trotz größter Sorgfalt konnten die Urheber des Bildmaterials nicht in allen Fällen ermittelt werden. Wir bitten gegebenenfalls um Mitteilung.

ISBN 3-577-30219-4

Vom 1. Januar bis zum 31. Dezember

Individuelle Bücher – für jeden Tag des Jahres eines. Mit allen wichtigen Ereignissen, die sich genau an diesem besonderen Tag während der Jahre unseres Jahrhunderts zugetragen haben. Doch trotz all der großen Ereignisse des Weltgeschehens – es gibt immer auch persönlich wichtige Daten für jeden Menschen, sei es ein Geburtstag, Hochzeitstag, Erinnerungstag oder der Tag, an dem eine entscheidende Prüfung bestanden wurde. So wird aus einem Tag im Spiegel des Jahrhunderts auch ein »persönlicher« Tag. Und endlich gibt es für all diese Anlässe das richtige Buch, das passende Geschenk!

Persönliches Horoskop

Was sagen die Sterne zu den jeweiligen Tagen? Außerdem erfahren Sie, welche bekannten Menschen unter dem gleichen Sternzeichen geboren wurden.

Ein ganz besonderer Tag

Hier erfahren Sie, was genau diesen Tag zu einem ganz besonderen Tag macht.

Die Ereignisse des Tages im Spiegel des Jahrhunderts

Von 1900 bis zur Gegenwart werden die Fakten des Weltgeschehens berichtet, pro Jahr auf einer Seite! Mit Beginn jedes Jahrzehnts wird die Dekade kurz in der Übersicht dargestellt. Aufgelockert sind die Fakten durch viele Abbildungen und Illustrationen.

Geburtstage berühmter Persönlichkeiten

Berühmte Personen, die an diesem besonderen Tag Geburtstag haben, finden sich mit ihrem Porträt und kurzer Biographie wieder.

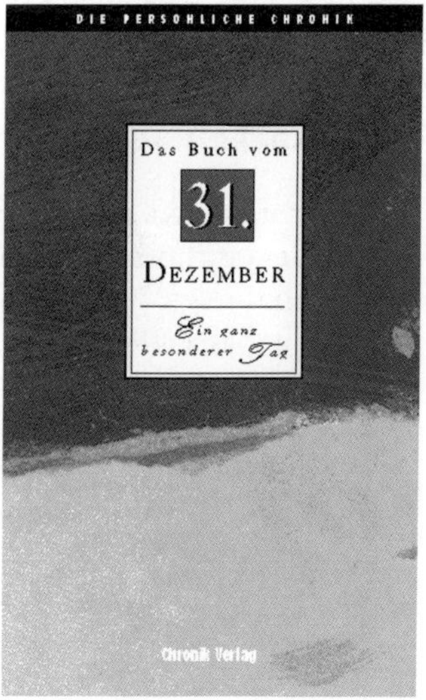

Die persönliche Chronik

366 individuelle Bände
je 144 Seiten mit
zahlreichen Abbildungen
Gebunden

In allen Buchhandlungen

CHRONIK-BIBLIOTHEK DES 20. JAHRHUNDERTS

Von 1900 bis zur Gegenwart

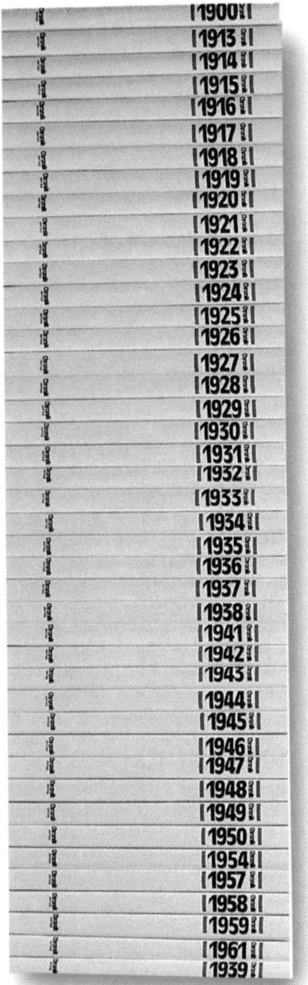

Die »Chronik-Bibliothek« ist die umfassende Dokumentation unseres Jahrhunderts. Für jedes Jahr gibt es einen eigenen, umfangreichen und zahlreich – überwiegend farbig – bebilderten Band. Tag für Tag wird dabei das Weltgeschehen in Wort und Bild nachgezeichnet – jetzt lückenlos bis in die Gegenwart. Sie können das jeweilige Jahr in chronologischer Folge an sich vorüberziehen lassen, aber die »Chronik« auch als Nachschlagewerk oder als Lesebuch benutzen. Ein prachtvolles Geschenk – nicht nur für Jubilare. Und wer die »Chronik-Bibliothek« sammelt, erhält ein Dokumentationssystem, wie es in dieser Dichte und Genauigkeit sonst nicht zu haben ist.

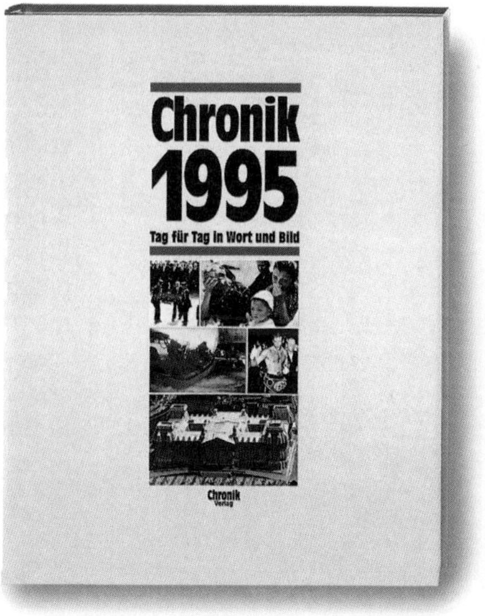
Chronik
1995
Tag für Tag in Wort und Bild
Chronik
Verlag